本书为2021年国家社科基金重点项目
「开封明代永宁王府遗址考古发掘报告」
（项目批准号21AKG007）阶段性成果

佳器如夢

考古视野下明代开封市民的生活与消费

开封市文物考古研究院 编著

科学出版社
北京

图书在版编目（CIP）数据

佳器如梦：考古视野下明代开封市民的生活与消费 / 开封市文物考古研究院编著. -- 北京：科学出版社，2025. 2. -- ISBN 978-7-03-080563-8

Ⅰ. K872.613；D691.9

中国国家版本馆CIP数据核字第2024BH4776号

责任编辑：张亚娜　周艺欣 / 责任校对：张亚丹
责任印制：张　伟 / 书籍设计：北京美光设计制版有限公司

科学出版社出版
北京东黄城根北街16号
邮政编码：100717
http://www.sciencep.com
北京华联印刷有限公司印刷
科学出版社发行　各地新华书店经销
*
2025年2月第　一　版　开本：889 × 1192　1/16
2025年2月第一次印刷　印张：15　1/4
字数：400 000

定价：280.00元

（如有印装质量问题，我社负责调换）

佳器如夢

考古视野下明代开封市民的生活与消费

编委会

目录

一　明代开封城的营建与废弃

开封是中国古代十分重要的都城之一，
城市格局雏形最早可追溯至战国时期魏都大梁城，
在经历了一千多年的发展与扩张后，开封城市地位及规模在北宋时期达到巅峰。
公元1127年，北宋为金所灭，外城区域逐渐荒废。
公元1153年，金朝为了加强对南部疆域的统治，海陵王定汴京为南京[1]。
金代晚期金政府对北宋东京城原有的里城进行了扩筑，
奠定了后来元明清开封城的基本格局[2]。

元灭金后，开封城市地位进一步下降，但仍是我国北方重镇，有“天地之中枢、八方之冲要、腹心之重地”[3]的美誉。明初，朱元璋为进一步对抗元朝残存势力，曾一度将开封作为明王朝的北京。洪武元年（1368年）八月，诏“以金陵为南京，大梁为北京，朕于春秋往来巡守”[4]。作为明北京的开封城在当时得以重修，修缮的重点在于加固城防设施方面。明代李梦阳《河南省城修五门碑》中记载：“河南省城者，宋之内京城也。是城也，起自五代，至宋而益饬。神宗时，则更筑新城于外，今曰土城者是也。宋亡，入金历元，外城毁而内城存。我高皇帝定天下也，跸于汴驻焉。但遣将北伐，于是升汴为京，设卫十有六，填实之守焉。是故，是城也缮之视他城坚，甃皆砖也。然又重砖而城，根砖若石，入之地又数尺。”[5]

洪武十一年（1378年）春，朱元璋“改封吴王橚为周王”[6]。洪武十四年（1381年），周王橚就藩开封府[7]。开封成为周王朱橚封地后，从京城降为河南省府。此后二百余年，开封作为河南行省治所，不仅是北方政治、军事重镇，也是重要的商业、文化中心，城内“大街小巷，王府、乡绅牌坊，鱼鳞相次。满城街市，不可计数，势若两京”[8]。周藩宗室、士

1 （元）脱脱等撰：《金史》卷五《海陵》，北京：中华书局，1975年，第100页。

2 （金）刘祁撰：《归潜志》卷七，北京：中华书局，1983年，第68页。

3 孔宪易校注：《如梦录》著者原序，郑州：中州古籍出版社，1984年，第13页。

4 《明太祖实录》卷三十四，国立北平图书馆红格钞本。

5 （明）李梦阳：《河南省城修五门碑》，见（明）李濂撰，周宝珠、程民生点校：《汴京遗迹志》卷十六《艺文三》，北京：中华书局，1999年，第303—304页。

6 《明太祖实录》卷一一七，国立北平图书馆红格钞本。

7 （清）张廷玉等撰：《明史》卷一百《诸王世表一》，北京：中华书局，1970年，第2546—2547页。

8 孔宪易校注：《如梦录》街市纪第六，郑州：中州古籍出版社，1984年，第57页。

绅、官吏、僧尼、商贾、手工业者、农民等不同阶层市民的生活和消费需求促成了明代开封城市的繁荣。明代周藩上至亲王郡王，下至将军中尉几乎全部居住在开封城内。明代中晚期，周藩宗室人口十分庞大。隆庆万历之际，周藩宗室人口多达 5235 人，其中“亲王一位，在省永宁等王四十六位，镇、辅、奉国将军一千三百四十九位，中尉二千五百五十九位，郡县主君一千二百六十五位，庶人一十五名”[1]。明朝政府每年向宗室成员发放禄米，掌握有大量财产的周藩宗室成为开封城市商业的重要消费群体。此外，明代开封城内还分布有数量众多的官署、寺观等场所，官吏、僧尼与王亲贵族基本不从事具体的生产劳动，属于纯粹的消费群体。

明朝统治阶层利用国家机器、宗教等工具努力维持社会的稳定，在这种环境中社会上大部分人口多以农、工、商为业，农工商从业者通过劳动产生的价值满足了整个社会的消费需求。农工商从业人群与王亲贵族、官吏、僧尼等相互依存，共同促进了城市的繁荣。

明代晚期，吏治腐败、土地兼并、自然灾害等各种人为和自然因素打破了社会的稳定，内忧外患四起。其中以张献忠、李自成所率领的两股农民起义军势力最为强大。崇祯十五年（1642 年），李自成率领的农民起义军第三次围攻开封，在久攻不下的情况下掘黄河灌城，导致城内“居人溺死者十有八、九，救援不及一二，叫苦连天，呼救满河，如鱼之游于沸鼎之中，可怜数十万无辜生灵，尽葬鱼腹之内”[2]。昔日的繁华转瞬间被泥沙所湮没，可与两京相提并论的北方重镇成为废墟，直至清初顺治年间，开封城才得以重建。

从考古学角度来讲，明代开封城遗址是一座典型的洪水灾难城址，具有以下两个最为显著的特征：

首先，明代开封城遗址规模宏大且保存完好。根据考古工作成果可知整座明代开封城被淤埋于今地表以下 4—6 米深处，淤积层下的房屋建筑、生活用品甚至遇难人类的遗骸大多保存较为完好。

其次，明代开封城遗址出土遗物年代确切、种类多样且数量丰富。开封明末洪水淤积层形成时间为明崇祯十五年，该时间节点可作为淤积层下出土遗物的年代下限。根据器物类型学分析明末洪水淤积层下出土遗物以万历、天启、崇祯时期为主，涵盖了当时餐饮、宗教、服饰、文教、娱乐等方面，为研究明代晚期开封市民的社会生活状况提供了重要实物参考资料。

1　（明）王世贞撰：《弇山堂别集》卷一《皇明盛世述一》，北京：中华书局，1985 年，第 6 页。

2　孔宪易校注：《如梦录》著者原序，郑州：中州古籍出版社，1984 年，第 14 页。

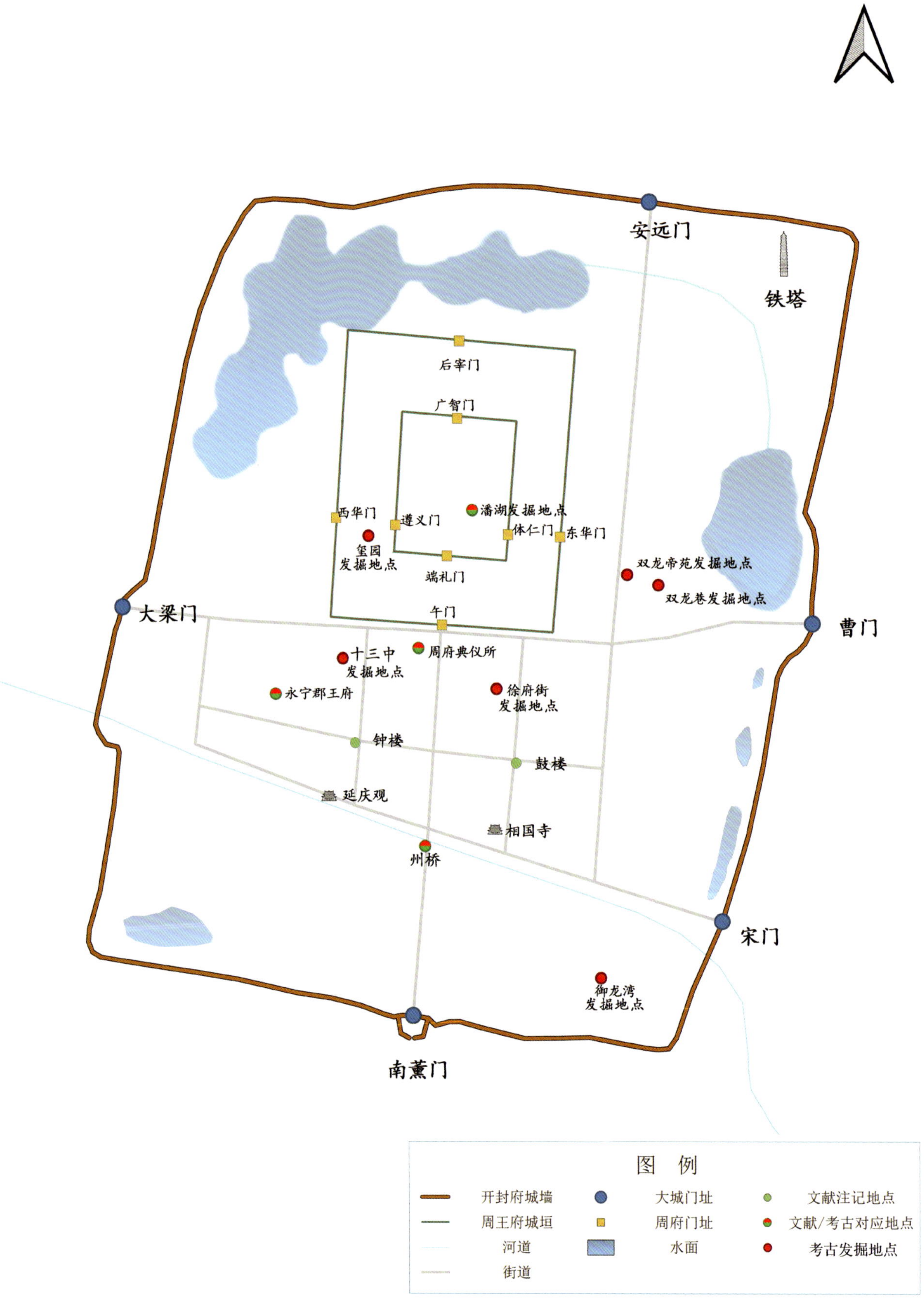

明代开封城遗址考古发掘地点分布示意图

二　明代开封城遗址阶段性考古成果综述

明代开封城遗址考古发掘工作始于20世纪80年代潘湖遗址的发掘。2014年以来，因配合开封市老城区建设所开展的考古发掘项目逐年增多。截至目前，明代开封城遗址发掘项目已达10余处，根据发掘遗存的性质可分为周王府、郡王府、官署、住宅、工商业、宗教、水利遗存等7类。

明代开封城考古遗址统计表（1981—2023年发掘）

序号	发掘时间	项目名称	遗址类别	遗址地点
1	1981年	潘湖周王府遗址	亲王府	龙亭公园一带
2	2014年	周王府典仪所遗址	官署	万博时代广场
3	2016年	御龙湾小区明代建筑遗址	一般住宅	解放路与内环路交叉口东北角
4	2017年	双龙帝苑明代建筑遗址	高等级住宅	解放路与双龙巷交叉口东北角
5	2017年	永宁郡王府遗址	郡王府	西司门街与城隍庙街交叉口西北角
6	2018年	十三中明代建筑遗址	官署	开封市第十三中学
7	2019年	迪臣·玺园周王府遗址	亲王府	龙亭西路与小旗纛街交汇处
8	2018—2022年	州桥及附近汴河遗址	水利遗存 / 宗教遗址	中山路与自由路交叉口南侧
9	2022年	徐府街、黑墨胡同明代建筑遗址	工商业遗存	徐府街以北、黑墨胡同以东、书店街以西
10	2021—2023年	双龙祠明代建筑遗址	一般住宅、公共建筑	双龙巷步行街中段路北

1. 周王府遗址

周王府遗址位于明代开封城中部偏北，今开封市龙亭公园附近，始建于明初洪武年间，其前身为北宋及金代皇城区域。整座周王府自外而内有萧墙、紫禁城两重墙垣，其中萧墙周长九里十三步[1]。

1981—1986 年，因配合龙亭湖清淤工作，开封宋城考古队先后四次在龙亭湖周边区域进行了发掘。累计发掘面积约 5200 平方米，主要遗迹有紫禁城东部建筑遗存、紫禁城北墙以及萧墙北墙。紫禁城东部建筑遗存位于今潘湖湖心岛附近，建筑类型主要有台基、房址、门址、墙体、亭子、花坛、水池等。紫禁城北墙发掘地点位于今龙亭大殿台基后东侧约 38 米处龙亭公园东围墙内。墙体距地表深 3.4—4.3 米，顶宽 3.6—4.2 米，底部宽 5.05—8.2 米。明代地面之上墙体两侧残存包砖 1 层。萧墙北墙发掘地点位于今开封市公交三公司院内，厚约 0.3 米。遗址生活遗物主要出土于潘湖湖底的建筑区域，按照材质不同可分为瓷器、陶器、铜器、玉石器、漆木器以及其他材质遗物，其中瓷器占大多数，达 101 件[2]。

迪臣・玺园小区周王府建筑遗址位于今法院街东段路南。2019 年 7—9 月，开封市文物考古研究所在配合迪臣・玺园小区建设过程中对勘探发现的宋金元明时期遗存进行了考古发掘。发掘面积约 1600 平方米，主要发现明代晚期建筑基址 6 座，明代早期窑址 4 座，宋至明代灰坑 9 座，宋代夯土基址 1 处。根据文献记载并结合考古成果可知该发掘地点大致位于周王府西华门内偏南的区域。考古发现的明代晚期建筑规格一般，应是周王府内的一般性建筑。遗址东部明代晚期建筑基址下发现的 4 座明初窑址附近出土有较多瓷土、烧土块等废料以及琉璃建筑构件碎块，因此可以判断窑址烧制产品为琉璃建筑构件。琉璃建筑构件在明代主要用于王府、寺观等场所，明初在此处设立一定规模的窑场，很有可能与洪武年间周王府的营建有关。遗址发掘过程中出土瓷、陶、铜、铁、金、木、石、玉、骨、贝、琉璃等各类文化遗物 500 余件，可分为建筑构件和生活用品，其中明代生活遗物以青花瓷器为主，器形以碟最多，其次为碗、盘等。

周王府遗址 T46MZ3 全景

1 孔宪易校注：《如梦录》周藩纪第三，郑州：中州古籍出版社，1984 年，第 6 页。

2 河南大学历史文化学院、开封市文物考古研究所：《开封潘湖遗址考古发掘报告》，北京：科学出版社，2021 年，第 30—88 页。

迪臣·玺园周王府明代建筑总平面图

周王府遗址出土的生活遗物按照规格差异大致可以分为三类：第一类遗物规格较高，出土数量极少，很有可能是周藩宗室、府吏所使用的物品，如青花山水人物纹八棱瓷碗、青花仰莲纹瓷杯、宣德款狮耳铜炉、龙纹白玉佩、玉带钩等。第二类是周王府定制器物。目前仅见有青花“周府上用”瓷碟，这一类器物在周王府遗址两次发掘工作中均有出土。第三类是市场流通率较高、较为常见的生活遗物，如青花松鹿纹瓷碟、青花佛手纹瓷碟、青花山水人物纹瓷碗、青花莲托吉祥纹瓷碗等。此类遗物不仅在周王府遗址有出土，而且在明代开封城内官署、住宅等遗址中也有发现。

2. 郡王府遗址

明代郡王爵位仅次于亲王，开封自明初成为周藩封地，其后 200 余年间累计分封郡王 70 余位。至明末崇祯十五年（1642 年）洪水毁城之时，开封城内同时存在的郡王有 42 位，其中上洛、堵阳、河清 3 位郡王“未新造王府，皆附周府”[1]，开封城内当时应有郡王府 39 座。

目前开封城内已确定性质并开展过考古发掘工作的郡王府仅 1 座，即永宁郡王府。初代永宁王为周定王朱橚庶六子，永乐初年册封。万历二十六年（1598 年），第八代永宁王朱在镗因无子而被除封。永宁郡王府遗址位于开封市鼓楼区城隍庙街中段路西。据勘探，整座王府南北通长约 200 米，东西宽约 115 米，应包括东、中、西三路院落，王府原始地面埋藏深度距今地表约 5 米，叠压在平均厚约 2.5 米的淤积层下。2017 年 7 月—2018 年 8 月，开封市文物考古研究所在配合建业·泰和府小区建设过程中对其进行了发掘，重点揭露了王府

1　（明）孙洪修，刘昌、胡谧纂：《成化河南总志》卷一《诸王府》，河南大学图书馆古籍部藏影抄本。

永宁郡王府遗址全景

中轴线建筑群，自南向北依次有王府大门、隔墙、仪门、前厅房、后厅房、花园（假山、水池）等。该遗址是目前国内已发掘的保存状况最好、遗物最丰富的明代郡王府遗址，也是国内发现的唯一一座按照规制修建的明代早期郡王府，对于研究明代郡王府规制具有重要意义。遗址共出土瓷、陶、铜、锡、银、金、铅、玉、琉璃、石、骨、贝、木等各类遗物1万余件，主要为生活用品和建筑构件，其中生活用品以铜钱、陶瓷器皿、贡器、饰品等为主。

永宁郡王府遗址出土的生活遗物按照规格差异大致可分为两类：第一类为郡王府专用器或定制器。此类遗物规格较高且出土数量少，在明代开封城内同时期其他类型遗址中没有发现，如青花云龙纹瓷盘、青花龙纹瓷碗、青花凤纹瓷碗、红绿彩龙纹瓷碟、玉石象棋、“甲辰夏日时大彬制”紫砂器等。此类遗物中许多瓷器具有明显藩府用瓷特征，如青花龙纹瓷碗、红绿彩龙纹瓷碟等。这类瓷器在成都蜀王府[1]、鄱阳淮王府[2]、安阳赵王府[3]也有发现。第二

1 易立：《明代蜀藩瓷器面貌初探——以考古出土物为中心》，见《成都东华门明代蜀王府遗址出土瓷器》，北京：科学出版社，2012年，第302—324页。

2 江西省文物考古研究院：《明代淮王府遗址出土瓷器》，北京：科学出版社，2020年。

3 郑泽婷：《明代藩王瓷器铭款汇考》，见《王者之器：明代藩王用瓷》，南昌：江西美术出版社，2023年，第43—97页。

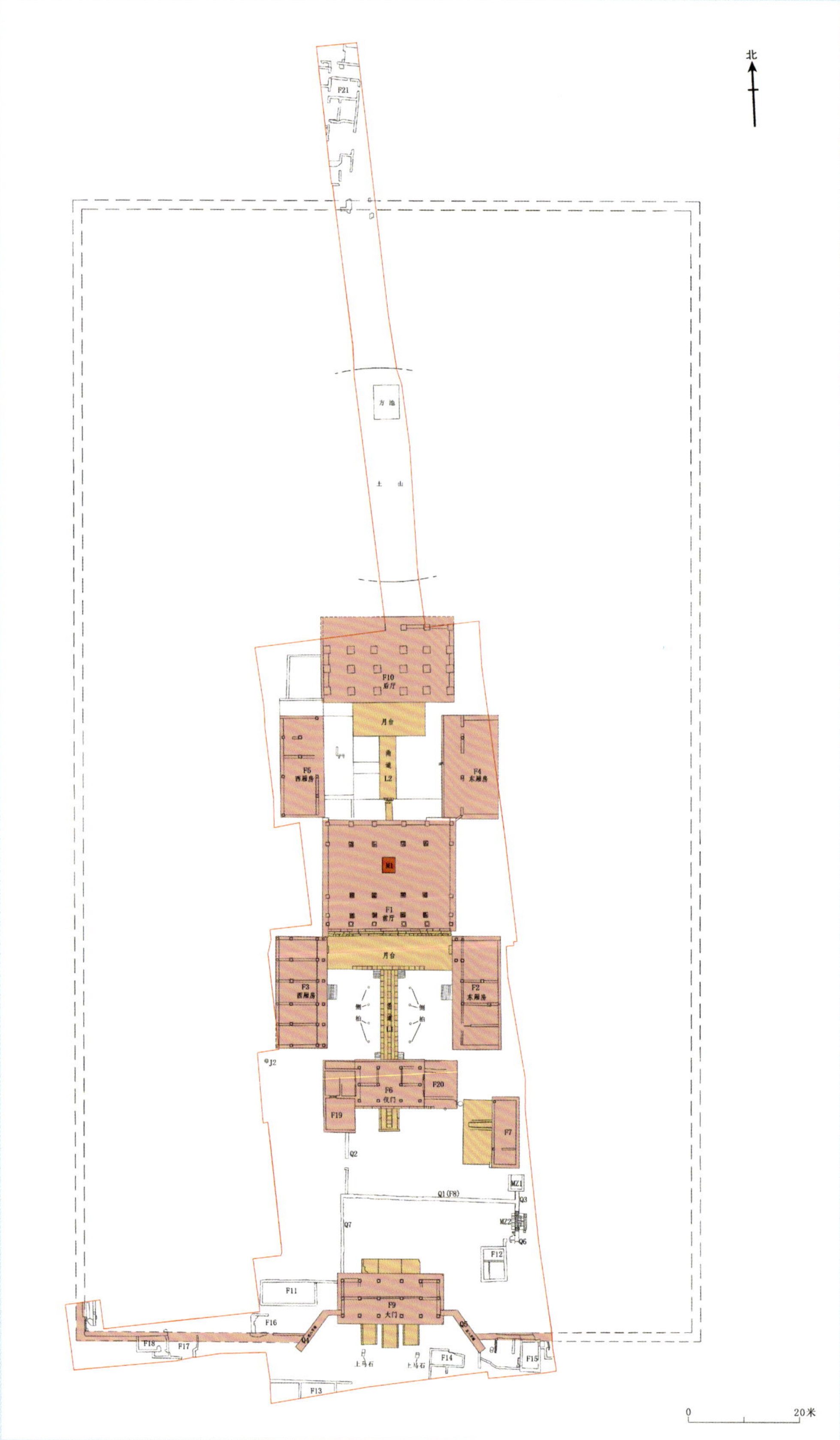

永宁郡王府建筑布局示意图

类为市场流通率高，规格一般且出土数量庞大的遗物。此类遗物多为普通日用器，在明代开封城其他类型遗址中也有出土。

3. 官署遗址

明代开封城内各级官署衙门主要分布于周王府以南、汴河以北的大片区域。《如梦录》记载："各官衙署，俱在周府西南。"[1]目前已开展过考古发掘工作的明代开封城官署遗址主要有周王府典仪所遗址以及十三中明代官署遗址等2处。

周王府典仪所遗址位于今开封新街口万博广场。2014年3月，为配合城市基本建设，开封市文物考古研究所在建设用地范围内进行了考古勘探，并对此区域进行了抢救性发掘。发掘面积共计400余平方米，清理出的文化遗存的年代主要为明代晚期至清代晚期。明代文化遗存主要为院落1座，包括房屋倒塌堆积及墙体等，院落残存基址主要包括前堂及其西耳房、东西厢房、西耳房北侧房址、西耳房东侧房址以及东跨院房址、西跨院花池、东西跨院过门等。遗址出土的带有"周府典仪所"字样的封印以及关于周府礼仪律令的牌匾表明遗址性质为周王府典仪所。据《明史》卷七五《职官四》记载，亲王府设长史司、审理所、典膳

周王府典仪所遗址全景（由西向东）

1　孔宪易校注：《如梦录》官署纪第五，郑州：中州古籍出版社，1984年，第21页。

所、奉祠所、典宝所、纪善所、良医所、典仪所、工正所等，典仪所设典仪正一人（正九品）、副一人（从九品），典仪“掌陈仪式”，即主要负责举行各种仪式[1]。

该遗址出土遗物主要包括建筑构件以及漆木器、瓷器、陶器、铁器、锡器等生活用品。生活用品类遗物仍以瓷器占多数，按照釉色可分为青花瓷、白瓷、黄釉瓷、白地黑花瓷、钧釉瓷、哥釉瓷等。遗址的发掘为明代晚期律令及王府官制的研究补充了资料。明确的建筑布局及丰富的出土器物为研究明代官府建筑布局、官员日常办公环境等提供了实物资料[2]。

开封十三中明代官署遗址位于开封市第十三中学校园内。2018 年 7—8 月，为配合十三中教学楼建设，开封市文物考古研究所对该遗址进行了抢救性发掘。遗址整体保存状况较好，发掘面积约 1700 平方米，发掘区域内共清理出东、西两组院落（YL1、YL2），其中西侧院落（YL2）发掘面积有限，布局不明。东院落（YL1）保存状况稍好，包括至少南北三进院落，南部第一进院落未能完全揭露，北部第三进院落后亦应有建筑向北延伸。从已揭露的第二和第三进院落来看，YL1 基本符合传统的四合院式布局，同时存在一定自身特色。房屋大多仅存屋内铺砖地面及下碱墙，屋顶均已坍塌，装修构件散落于地面之上。中轴线上的主体建筑自南向北分别是面阔三间的 F12、面阔五间的 F5 及面阔三间的 F4，其间以铺砖甬

十三中明代官署遗址全景（自北向南拍摄）

1　（清）张廷玉等撰：《明史》卷七五《职官四》，北京：中华书局，1974 年，第 1836—1837 页。

2　开封市文物考古研究所：《河南开封新街口明周王府官署遗址发掘简报》，《文物》2017 年第 3 期。

道相连，F12 西侧有面阔两间的耳房（F11，F12 东侧未揭露，情况不明），F5 两侧配有厢房（F9、F10），F4 两侧分别设有通往两侧院落的过门（MZ2、MZ3）[1]。

遗址内出土器物丰富，可复原小件 1000 余件，包括瓷器、陶器、铜器、石器及家具、生活用具、牌匾、雕版、装修构件等漆木器，另有砖、瓦、勾头、滴水、兽头、鸱吻等建筑构件。生活遗物仍以瓷器占大多数，包括青花瓷、白瓷、黑瓷、酱釉瓷、素烧瓷和彩瓷等几类，其中又以青花瓷器居多。此外，木质文物在生活遗物中也占有相当比重，主要有桌、椅、立柜、箱、抽屉、床等家具以及雕版、肩舆、牌匾等。牌匾共出土 3 块，其中可辨识匾文有“刊字刷印房”“简远堂”等字样[2]。从建筑及出土遗物规格来看，该遗址等级高于普通住宅遗址，但又达不到郡王府级别。发掘者认为遗址整体特征与周王府典仪所较为相似，且《如梦录》等文献记载该区域有众多官署机构，因此推测该遗址当为官署遗址。

4. 住宅遗址

汉唐时期，城市居民居住在整齐划一的坊内，坊的四周有坊墙，极大限制了居民社会活动的时间和空间。最晚自北宋时期开始，为适应城市商品经济发展的需要，传统的里坊制被打破，被更加开放和自由的街巷制所取代。街巷制最显著的一个特征就是居民住宅和商铺、宗教场所、官署混杂，没有严格的区域限制。到了明代，开封城内大街小巷不可计数，街巷制显然已经更加成熟。近些年来，明代开封城内已经发掘的典型住宅遗址主要有 3 处：御龙湾小区明代建筑遗址、双龙帝苑明代建筑遗址以及双龙祠项目明代建筑遗址。

御龙湾小区明代建筑遗址位于开封市老城区东南隅御龙湾小区内。2016 年 4 月，开封市文物考古研究所为配合该小区开发建设对该遗址进行了抢救性清理。发掘面积共计 970 平方米，主要发现了明代晚期建筑基址 3 处（F1、F2、F3），其中 F1 和 F2 保存较差，布局不清晰。F3 为两进四合院式布局，南北通长 24.2 米，东西宽 14.4—16.8 米，占地面积约 370.5 平方米。主要建筑遗存有院门 1 座、房址 9 座、路 4 条及环廊 1 条。整座院落可分为前院和后院，前院与后院东侧均有跨院，前后主院之间以环廊相连。前后主院北部各有 1 座坐北朝南的主房，主房前两侧有东西厢房。根据各房屋内陈设布局及出土遗物判断前后院主房可能为供奉、祭祀兼作卧室。前后院西厢房内有磨盘、灶台等遗存，据此推断其性质为厨房。东厢房内有木床、桌椅等家具，推测为起居室。

遗址出土遗物共计 3000 余件，生活遗物占据大多数，可分为陶器、釉陶器、铜器、石器、锡器、骨角器及贝器等。生活遗物中仅瓷器就达 1000 余件，其中又以青花瓷器数量最多，

1 河南大学历史文化学院、开封市文物考古研究所、河南省文物考古研究院：《河南开封大厅门街明代建筑遗址发掘简报》，《文物》2022 年第 12 期。

2 河南大学历史文化学院、开封市文物考古研究所、河南省文物考古研究院：《河南开封大厅门街明代建筑遗址发掘简报》，《文物》2022 年第 12 期。

双龙帝苑明代建筑遗址全景（自北向南拍摄）

其次为白釉瓷、酱釉瓷和黑釉瓷，还有少数黄釉、红釉和白地黑花瓷器。发掘者认为该遗址应为明代开封城东南部一处百姓生活居住区。除生活用品外，还有较多磨盘等加工工具，用于称量贵重物品的戥秤数量也比较多，个别鸡腿瓶中还发现有细辛等草药，因此推测 F3 除作为居住场所外，还有可能为某种手工业加工场所[1]。

双龙帝苑明代建筑遗址西邻解放路，南邻双龙巷，北邻东棚板街。2017 年 2 月，开封市文物考古研究所在配合双龙帝苑项目建设过程中对该遗址进行了抢救性发掘。发掘面积约 1450 平方米，主要清理了明代晚期建筑基址 1 处。建筑基址内共清理出南、北两路院落，其中北路院落（YL1）保存稍好，南路院落（YL2）被后期破坏严重，YL2 和 YL1 之间有过门（MZ1），MZ1 北侧有甬道与 YL1 中 F1 前的甬道相连通。YL1 为一处高台建筑，基址较东侧台下铺砖地面高约 1 米，台下铺砖地面距地表约 5.7 米。该院落为传统的四合院布局，坐东朝西，中轴线方向约 96°，西部受发掘区域所限未完全揭露，已揭露部分东西进深 48 米，包括前后三进院落。YL2 仅揭露北部，遭扰动严重，结构布局不明晰，仅残存 F6

1　河南省文物考古研究院、开封市文物考古研究所：《开封御龙湾小区明代建筑遗址的发掘》，《华夏考古》2019 年第 2 期。

等建筑的基槽部分及少量墙体。从已揭露部分推测 YL2 内建筑台基高度当普遍高于 YL1，但被扰动严重。

该遗址共出土大量瓷、陶、铜、铁、石、骨、贝等生活用具、建筑构件和部分漆木器。生活遗物仍以陶瓷器居多，共计 127 件。瓷器按釉色差异可分为青花、釉上彩、仿哥釉、青釉、霁蓝釉、白釉、黑釉、素烧瓷等 8 类[1]。该遗址出土的生活遗物中除大量餐饮器皿外，砚滴、印章、印泥盒、砚台等文房用品以及香炉、白釉观音瓷塑像等供器也占有一定比例。建筑规格方面，该遗址建筑规格明显高于御龙湾、双龙祠为代表的普通住宅。生活遗物特征也表明生活在该遗址的居民物质生活条件优越，且具有较高的文化艺术水平，社会地位远高于平民。种种迹象都表明该遗址是明代开封城内的 1 处高等级住宅遗址，丰富了明代开封城居民生活面貌、建筑形态等方面的研究资料。

双龙祠项目明代建筑遗址位于开封市双龙巷历史文化街区中段路北，原开封市糖果厂院内。2020—2023 年，为配合双龙巷历史文化街区双龙祠项目建设，开封市文物考古研究院分两次对该遗址开展了考古发掘工作。第一次考古发掘工作为 2020 年 7 月—2021 年 4 月，发掘区域为遗址西半部，发掘面积约 2000 平方米。发掘过程中清理发现唐宋元明清时期各类遗存 60 余处，其中明代遗存主要包括建筑遗存 34 座，根据建筑布局及规格可将这片明代建筑遗存分为西、中、东 3 个片区。

西部片区为小型建筑分布区，建筑布局杂乱而紧凑，建筑规模小，房屋建造方式简陋。

双龙祠项目明代建筑遗址建筑布局示意图

1 河南大学历史文化学院、开封市文物考古研究所：《河南开封双龙巷明代建筑遗址发掘简报》，《文物》2021 年第 4 期。

中部片区为2座厅堂、5座厢房、1条甬路及1条廊道构成的三进式院落。该院落建筑规模较大，布局为典型四合院式结构，瓦房屋顶，建造方式较为考究，推测有可能为1处公共建筑。东部片区为中小型建筑分布区，四合院式布局，建筑规模一般。房屋内出土遗物以生活用品为主，亦有少量生产工具。发掘出土不同时期各类遗物共计2900余件。明代遗物以生活用瓷器为主，青花瓷器占多数，另有较多钱币、木质家具、建筑构件等。

2022年8月—2023年5月，开封市文物考古研究院配合双龙祠项目建设对该遗址进行了第二次发掘。发掘区域位于第一次发掘区东侧，发掘面积约2500平方米，发掘过程中清理发现宋、金元、明清时期各类遗存60余处，其中明代遗存主要有街巷3条（X1、X2、X3），街巷两侧错落分布10座宅院。3条街巷均为南北走向，宽1.6—4.6米不等。院落朝向有南、东、西三个朝向，房屋不局限于四合院式布局，大多杂乱无章。屋顶为合瓦或草房顶，均已坍塌或缺失。房屋墙体均为砖基土墙，大多仅存砖基，砖基高度不等。此次发掘共出土不同时期瓷、陶、铜、锡、铁、石、骨、银、琉璃、低温釉等各类遗物1300余件套，其中明代晚期遗物最为丰富，以青花瓷器及陶器等生活用品为主，器形包含有青花瓷碗、碟、杯、勺等。

双龙祠项目明代建筑遗址中建筑遗存大多布局紧凑，单体建筑体量小，规格低，为典型的城市平民住宅区。两次发掘工作出土的陶瓷器皿、陶瓷塑像、铜造像、文房用品、牙牌、毡毯、令牌等遗物生活气息浓厚，其质量虽不及王府、官署规格高，但涵盖了城市居民餐饮、宗教、文化、商业贸易、行政等多个方面，最能够体现大多数城市居民的社会生活状态。

5. 工商业遗存

据《如梦录》等文献记载，开封城内大街小巷沿线各类商业、店铺林立。目前经考古发掘能够确定为手工业或商业遗存的遗址仅徐府街黑墨胡同明代建筑遗址1处，该遗址位于开封市龙亭区徐府街以北，黑墨胡同以东。2022年7—11月，开封市文物考古研究院在配合开封市宋都古城康养一期项目建设过程中对该遗址进行了考古发掘，发掘面积约1300平米，揭露明晚期至明末手工业作坊1处、坑塘1处、房屋基址10座、灰坑2座、灶3座、烧火坑10座、墙址2座、铺砖小路2条。该处遗址出土各类遗物近200件，可分为瓷、陶、铜、骨、琉璃、金属、石、贝等8类，其中瓷器129件，以明晚期至明末各类青花瓷器为主，器形有碗、杯、碟等，兼有少量酱釉灯盏、棋子、瓷塑像等。金属器20余件，器形有铜钱、簪、饰件等。

遗址西部清理发现的手工业作坊内有圆形砖砌炉底3座，周围有大量烧土堆积，应与冶炼或熔铸相关。此外，遗址南部1处明代晚期建筑基址内清理发现多处长方形砖砌烧火坑，该建筑遗存附近还出土若干块熔铸炼渣，发掘者根据上述迹象初步推测该建筑基址可能为某种手工业或商业店铺。该遗址位于明代开封城工商业核心区，遗址南侧的徐府街在明代称为大山货店街，遗址西侧的黑墨胡同自明代至今未曾更名。《如梦录》记载："又东是大山货店街，有杂货店、当店、柬帖铺、打金铺。北是乔三府胡同口，有炒黄丹、倾销、打金、正升字号店。北是黑墨胡同口，有烧饼、冷酒、杂货。”[1]遗址发现的工商业遗存与文献记载相符，应是明代开封大山货店街路北的某户店铺，遗址的发掘印证了明代开封城市工商业的繁荣面貌。

6. 宗教遗址

祭祀和宗教活动是古人精神生活的重要内容，明代开封城内寺庙祠观众多，其中比较著名的有相国寺、祐国寺、城隍庙、延庆观、大道宫等。州桥金龙四大王庙遗址是目前经考古发掘的明代开封城内唯一一处宗教场所，位于明代州桥东侧，根据桥基下出土瓷片年代特征判断该庙应建于明代晚期。整座神庙坐东朝西，四合院式布局，由主殿、南北厢房、庙门组成。主殿基址为明初州桥券洞东侧增筑的砖券小桥，面阔三间，殿前有廊道、月台。主殿东侧河道内出土鎏金铜造像 3 尊，主神为三首六臂金龙四大王形象，身披金甲，手持法器。正殿屋顶为琉璃剪边屋面，屋顶已整体坍塌，南厢房内出土有铜钱、餐饮器皿等遗物。《如梦录》中关于州桥之上金龙四大王庙的位置信息有十分明确的记载：“再南是州桥，下即汴河，其桥角北过县角，南至小纸坊街口。又名天汉桥，桥上东头，有金龙四大王庙。”[2]金龙四

州桥遗址全景（东向西）

1　孔宪易校注：《如梦录》街市纪第六，郑州：中州古籍出版社，1984 年，第 29 页。

2　孔宪易校注：《如梦录》街市纪第六，郑州：中州古籍出版社，1984 年，第 32 页。

金龙四大王庙铜造像

大王庙是我国明清时期运河沿线较为常见的河神庙。州桥上的金龙四大王庙规模不大，但琉璃剪边屋顶建筑的规格明显高于官署建筑和住宅建筑，这反映了明代神权的崇高地位，对研究明代宗教和运河文化具有重要意义。

7. 水利遗存

北宋东京城因运河而兴，“四水贯都”是其城市布局的重要特征。到了明代初期，汴河、蔡河依然发挥着重要的漕运作用。明初洪武年间，明政府曾对汴河进行了大规模疏浚，“尝由开封运粟，泝河达渭，以给陕西”[1]。明代开封城经系统发掘的水利遗存主要为州桥及附近汴河遗址。

州桥及附近汴河遗址位于开封市鼓楼区中山路与自由路交叉口南侧。2018 年下半年，遗址主动性考古发掘工作正式启动。截至 2023 年初，州桥及附近汴河遗址考古共完成发掘面积 4400 平方米，发现不同时期各类遗存遗迹 117 处，包括河道、水工设施、桥梁等。

汴河又称通济渠，开凿于隋大业年间，沟通黄淮水系，唐宋时期为全国重要的漕运通道。考古发掘表明北宋时期汴河宽度约为 25—28 米，深约 5 米，金末遭洪水淤没。明初洪武年间曾对汴河进行疏浚并恢复漕运，明永乐以后漕运逐渐废弃。到了明代晚期，汴河已经基本被完全淤没、侵占，河道上布满了房屋建筑。

州桥本体位于遗址西部，今中山路路面以下约 4.5 米深处。2020 年 3 月，河南省文物考古研究院联合开封市文物考古研究院开始对州桥本体进行发掘，先后发现了明代州桥、桥面建筑堆积、汴河河道和河道南北两岸的宋代石壁。明代州桥为单孔桥，三券三伏，桥墩是用青石条砌成的墙形墩，桥基是在河底开挖基槽，摆放长方形的长木为基础。桥面为青石板铺筑，略呈拱形，共分三幅，桥体四角有雁翅。整座桥东西长度近 50 米，南北跨度为 25.4 米，规模宏大。

截至 2023 年初，遗址共出土各类文物标本 6 万余件，其中河道地层堆积遗物占大多数，包括大量生活遗物、建筑构件以及动物骨骼等。由于河道主要废弃于明代，因此遗物年代以明代为主，且年代序列较为完整，为明代各时期文物类型学研究提供了重要的实物参考资料。

1 （清）张廷玉等撰：《明史》卷八十五《河渠三》，北京：中华书局，1974 年，第 2080 页。

三　明代开封城遗址出土生活遗物

1981

明代开封城市人口结构促使其成为一座典型的消费型城市，数量众多的周藩宗室、各级官吏、驻军成为庞大的消费群体，大量的消费需求带动了整座城市工商业的发展。开封地处中原腹地，一马平川，没有丰富的矿产、林业、渔业、畜牧业资源，原材料的缺乏决定了其很难成为手工业和商业产品产地。因此除粮食外，开封大部分城市生活和生产物资需从外地输送。天南地北的商品汇聚于此，极大丰富了市民的物质和精神生活。《如梦录》中关于外地商品的记载也比较多，如“大祖师庙、大王庙内有京、杭、青、扬等处运来粗细暑扇、僧帽、头篦、葛巾、白蜡等货”[1]，再如“京城、临清、南京、泰安、济宁、兖州各处客来，贩卖不断……此市有天下客商，堆积杂货等物，每日拥塞不断”[2]。

考古学研究的最终目的在于透物见人，透物观史。数十年来明代开封城遗址出土的大量生活遗物与当时人们的生活密切相关，在一定程度上反映了明代开封市民生活的方方面面。这些生活遗物根据其功用差异可分为餐饮器皿、供器、妆饰用品、文房用品、娱乐玩具、杂器等 6 类。本章节内容挑选了上述 6 类生活用品的部分典型器进行描述，并对其生产、流通及消费使用情况进行探讨。

---

1 孔宪易校注：《如梦录》街市纪第六，郑州：中州古籍出版社，1984 年，第 31 页。
2 孔宪易校注：《如梦录》街市纪第六，郑州：中州古籍出版社，1984 年，第 32 页。

—2023

餐饮器皿

在明代开封城遗址出土所有生活遗物当中，餐饮器皿所占比重最大，基本完整或可复原标本已达数千件之多。材质以瓷器居多，也有少量陶器、紫砂器等，器形主要有碟、碗、杯、盘、瓶、壶、罐等。

瓷器按照釉色差异又可分为青花瓷、釉上彩瓷、白瓷、青瓷及颜色釉瓷器等，这其中又以景德镇窑青花瓷器占绝大多数。成熟青花瓷器出现于元代，明初洪武至宣德年间，几乎不见民窑青花。大致从正统年间开始，景德镇民窑瓷器开始大量出现，日益成为大众消费品。到了明代中晚期，以青花为主的景德镇窑瓷器畅销海内外，《江西省大志》卷之七《陶书》记载“其所被，自燕云而北，南交趾，东际海，西被蜀，无所不至，皆取于景德镇。”[1]明万历年间，御窑厂制瓷工艺流入民间，民窑进一步崛起，民窑青花瓷器工艺和质量达到新的历史高度。明代开封城遗址出土的青花瓷、釉上彩瓷以及部分白瓷、颜色釉瓷器皆属于景德镇这一历史时期产品。单就出土的青花瓷器而言，产品质量参差不齐，形成了两极分化的产品类型：第一类产品出土数量庞大，器形粗糙，釉色晦暗，纹饰潦草。此类瓷器以青花双圈纹瓷碟、青花麒麟望月纹瓷碟、青花凤鸟纹瓷碗最为典型。第二类产品出土数量相对较少，胎质洁白细腻，釉面光亮，纹饰精致淡雅。此类瓷器在各遗址都有少量出土，纹饰较为多样，典型器物如青花花鸟纹瓷碗、青花双龙戏珠纹瓷碗、青花佛手纹瓷碟等。

1　（明）王宗沐著，黄长椿、左行培、许怀林点校：《江西省大志》，北京：中华书局，2018年，第378页。

明嘉靖、万历时期，官窑产品订单数量供不应求，只能由工艺水平较高的民窑代烧部分产品，出现了所谓“官搭民烧”现象。《陶书》也有相应记载：“又如鱼缸御器，细腻脆薄，最为难成，官匠因循，管厂之官乃以散之民窑，历年相仍。民窑赔赃，习以为常。”[1]民窑烧制官样瓷器促进了民间窑业的发展，景德镇青花瓷器成为当时最为流行的商品。一时之间，“利厚计工，市者不惮价，而作者为奇钓之，则至有数盂而直一金者”[2]。

景德镇窑瓷器在明代几乎垄断了整个瓷器市场，但仍有个别瓷窑厂依然能够通过自身优势在竞争激烈的商业贸易中占据一定的市场份额，这些陶瓷窑口大致可分为两类：第一类是凭借地缘优势或价格优势打入市场的窑厂，如河北彭城窑（磁州窑系）、河南禹县窑；第二类是产品风格特点鲜明的窑厂，如龙泉窑、宜兴窑等。

磁州窑盛烧于宋金元时期，瓷器产品多种多样，以白地黑花、白地剔划花、绿釉黑花、黑釉白花最为典型。明代磁州窑系的规模缩小，以彭城窑最具代表性，其产品有白地黑花、白地赭彩、白瓷等。禹县窑创烧于唐代，以烧制钧瓷、白地黑花著称。明代禹州地区窑口以烧造白地黑花、白地褐彩、化妆白瓷、黄釉瓷、低温彩釉瓷、钧釉瓷等闻名。明代开封城遗址出土较多的白地黑花瓷、白地褐彩瓷、化妆白瓷、化妆黄釉瓷等产品当为明代河北磁州窑或河南禹县窑产品。

龙泉窑是我国南方重要窑址之一，创烧于北宋中期，产品以淡青釉的青瓷为代表。随着明代景德镇青花的畅销，龙泉窑青瓷市场地位大幅下降，产品质量亦大不如宋元时期。明代开封城遗址出土龙泉窑瓷器仅见有少量青釉碗、盘等餐饮器皿。

宜兴窑是以烧造青瓷、紫砂和均陶为主的重要窑址，宜兴地区考古发现年代最早的窑址可追溯至先秦时期，产品有青瓷、紫砂、均陶等，其中以紫砂陶器最负盛名。目前考古发现有明确纪年的最早紫砂陶器为明代南京嘉靖十二年（1533年）吴经墓中出土的1件紫砂提梁壶[3]。明代晚期至清代，紫砂器成为文人士大夫竞相珍藏的“雅器”，文人对紫砂的喜爱甚至催生出了一些制作紫砂器物的名匠，如董翰、赵梁、元畅、时朋、时大彬、李茂林等。明代开封城遗址出土紫砂餐饮器皿有壶、杯等。此外，永宁郡王府遗址还出土一件刻有“甲辰夏日时大彬制”楷书双行八字款的紫砂器底，可见明代上层社会对紫砂器皿的钟爱。

1　（明）王宗沐著，黄长椿、左行培、许怀林点校：《江西省大志》，中华书局，2018年，第369页。

2　（明）王宗沐著，黄长椿、左行培、许怀林点校：《江西省大志》，中华书局，2018年，第378页。

3　徐佩佩：《明御用监太监吴经墓出土文物的一些考证》，《文物鉴定与鉴赏》2018年第19期。

青花

碟

青花蛙草纹瓷碟

2016KYLWT2：198
2016年出土于开封市御龙湾小区
口径10.2、底径6.1、高2.2厘米

侈口，圆唇，弧腹，圈足。内底双圈弦纹内单线勾勒蛙草纹，外底露胎。

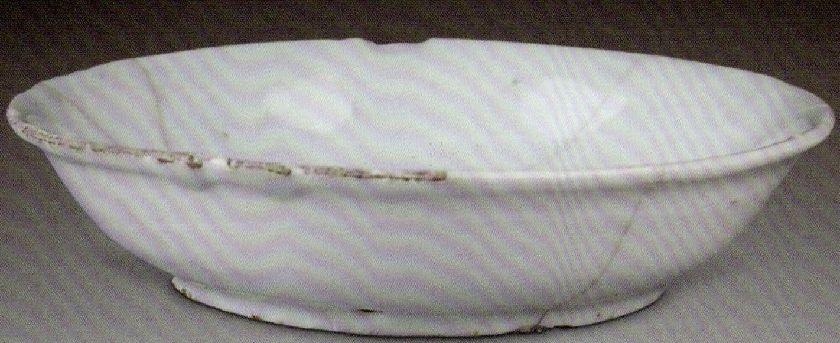

青花螭龙纹瓷碟

2016YLWT2：18
2016年出土于开封市御龙湾小区
口径11.6、底径7.5、高2.3厘米

敞口，圆唇，弧腹，圈足内收。内腹壁饰螭龙纹和花卉纹，内底正中暗刻瑞草纹。外底楷书“万福攸同”双行四字款。

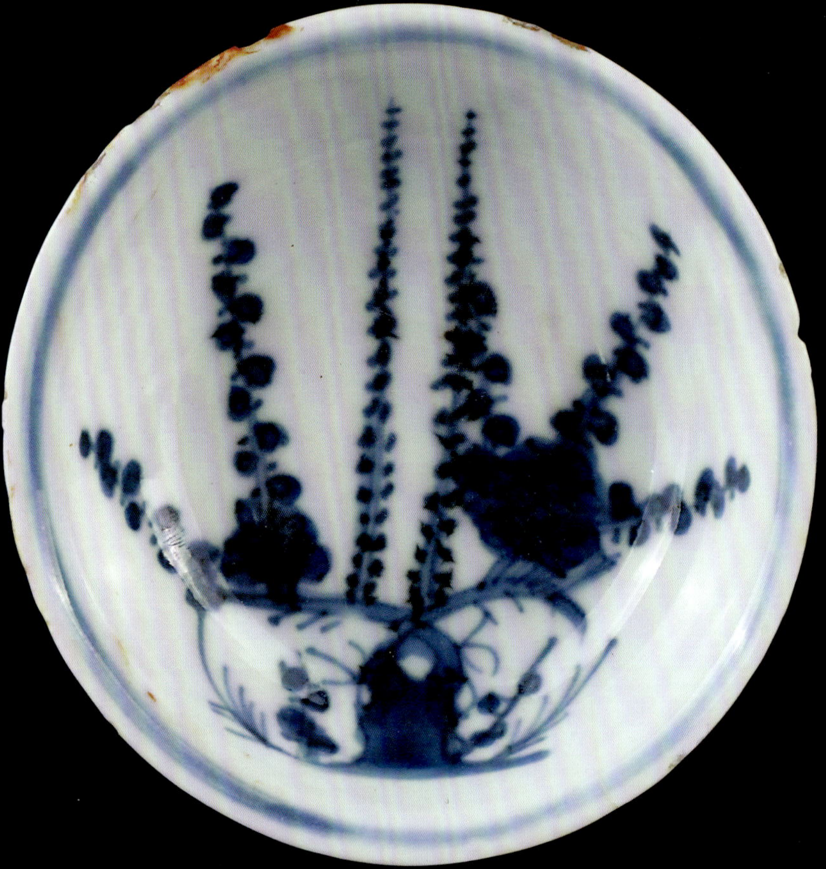

青花梅纹瓷碟

2016YLWT2：64
2016年出土于开封市御龙湾小区
口径8.8、底径4、高2.3厘米

侈口，尖唇，弧腹，宽圈足内收。口沿内侧饰单圈弦纹，内底饰单株梅花纹。外底露胎。

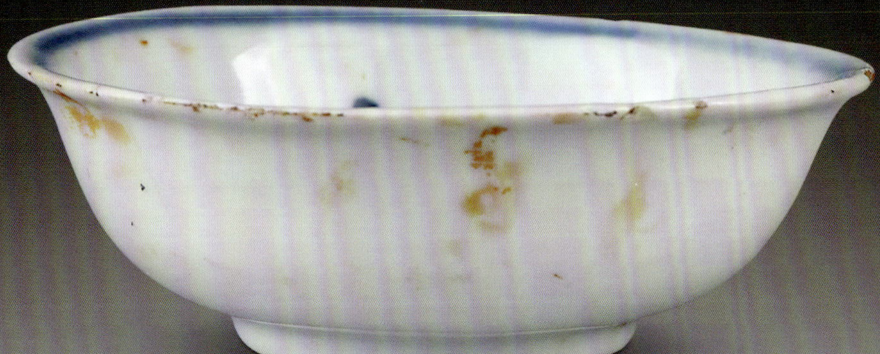

青花花果纹瓷碟

2016YLWT2：214
2016年出土于开封市御龙湾小区
口径8.8、底径5、高2.1厘米

侈口，尖唇，弧腹，圈足内收。内底单圈弦纹内饰花果纹，外底露胎。

青花寿字纹瓷碟

2017SLXT1：2
2016年出土于开封市御龙湾小区
口径8.5、底径5.1、高2厘米

侈口，圆唇，弧腹，圈足。内壁饰缠枝莲托杂宝纹，内底双圈弦纹内绘7个“寿”字。外壁饰6组花叶纹。

青花团螭纹瓷碟

2016KYLWT1：6
2016年出土于开封市御龙湾小区
口径8.8、底径4、高3.7厘米

侈口，尖唇，弧腹，宽圈足。口沿内侧饰一圈如意云纹，内底饰团螭纹。

青花竹鸡纹瓷碟

2021KSLXT721520⑤下：86
2021年出土于开封市双龙巷
口径8.9、底径4、高3厘米

侈口，尖唇，弧腹，宽圈足内收。口沿内侧饰单圈弦纹，内底饰竹鸡纹。外底露胎。

青花狮子绣球纹瓷碟

2015KWJH2：24
2015年出土于开封市万博广场
口径8.3、底径4.4、高2.1厘米

侈口，圆唇，弧腹，圈足内收。口沿内侧饰单圈弦纹，内底饰狮子绣球纹。外底单圈弦纹内楷书“大明成化年制”双行六字款。

大明成化年製

Ⅰ潘T4：4
1981年出土于开封市潘湖遗址
口径11.7、底径5.4、高2.8厘米

敞口，圆唇，弧腹，圈足。口沿内侧饰单圈弦纹，内底饰佛手纹。外底单圈弦纹内楷书“大明成化年制”双行六字款。

大明成化年製

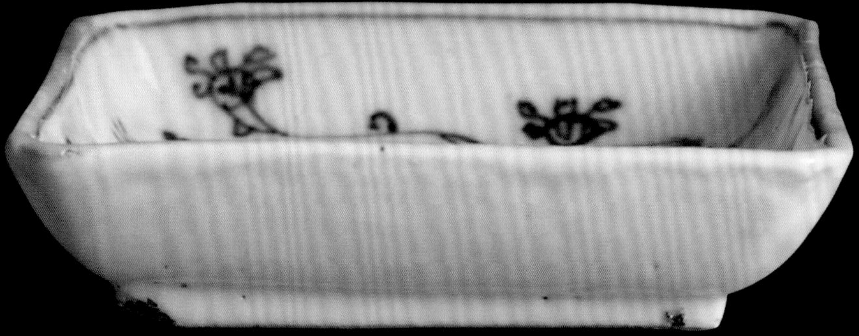

青花松鹿纹瓷方碟

2022KSLCF71：3
2022年出土于开封市双龙巷
口沿边长8、底足边长6、高2厘米

平面方形。敞口，圆唇，斜弧腹，圈足内收。内腹壁单线勾勒折枝花卉纹，内底双圈弦纹内单线勾勒松鹿纹。

青花松鹿纹瓷碟

Ⅰ潘T16F8：3
1981年出土于开封市潘湖遗址
口径9.4、底径5.4、高1.9厘米

敞口，折沿，尖唇，弧腹，圈足内收。口沿内侧饰缠枝荷叶纹，内底双圈弦纹内饰松鹿纹。口沿外侧饰植物纹，外底双圈弦纹内楷书“大明成化年制”双行六字款。

青花松鹿纹瓷碟

2016YLWT2：387
2016年出土于开封市御龙湾小区
口径8.7、底径4.5、高2.1厘米

敞口，宽折沿，圆唇，弧腹，圈足内收。口沿内侧饰缠枝花卉纹，内底双圈弦纹内饰松鹿纹。口沿外侧饰双圈弦纹及草叶纹。

青花松鹿纹瓷碟

Ⅰ潘T16F8：5
1981年出土于开封市潘湖遗址
口径9.8、底径5.3、高2厘米

敞口，折沿，尖唇，弧腹，圈足内收。口沿内侧饰缠枝荷叶纹，内底双圈弦纹内饰松鹿纹。外壁饰两组植物纹，外底双圈弦纹内楷书“大明成化年制”双行六字款。

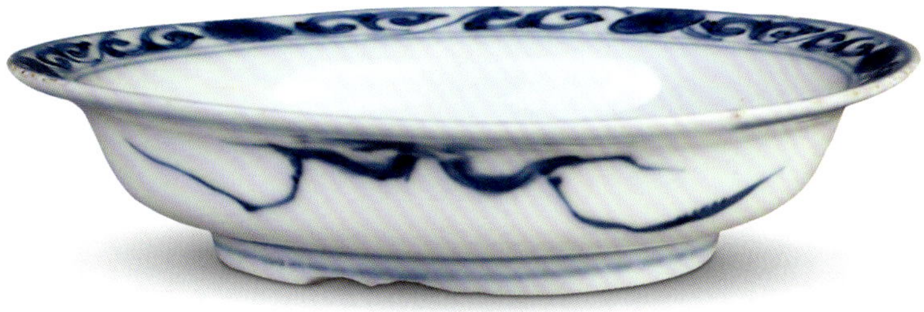

青花鲤鱼化龙纹瓷碟

2017SLXT14：8
2017年出土于开封市双龙帝苑
口径14.5、底径8.5、高3.3厘米

侈口，圆唇，弧腹，圈足内收。口沿内外侧均饰双圈弦纹，内底双圈弦纹内单线勾勒鲤鱼化龙纹。外壁单线勾勒婴戏纹，外底饰双圈弦纹。

碗

青花虫草花卉纹折腹碗

2014KWJJZ12：3
2014年出土于开封市万博广场
口径8.7、底径3.6、高3.1厘米

敞口，尖唇，折腹，圈足内收。内腹壁饰莲叶、花鸟等纹饰，内底饰花卉草虫纹。外壁楷书“大明宣德年制”单行六字款。

青花花卉纹瓷碗

2016KYLWT1：97
2016年出土于开封市御龙湾小区
口径12.6、底径6.6、高4.1厘米

侈口，尖唇，弧腹，圈足。内腹壁饰虫草花卉纹，内底双圈弦纹内饰洞石菊纹。外壁饰植物纹。

青花花卉纹瓷碗

2019KDXT4⑥下：1

2019年出土于开封市迪臣·玺园小区

口径9.3、底径3.7、高5.8厘米

侈口，尖唇，弧腹，圈足。口沿外侧饰双圈弦纹，外壁饰花卉纹。外底单圈弦纹内楷书“大明嘉靖年制”双行六字款。

大明嘉靖年製

青花八仙祝寿纹瓷碗

2016KYLWT1：111
2016年出土于开封市御龙湾小区
口径22.4、底径8.8、高8.4厘米

侈口，圆唇，弧腹，宽圈足。口沿内侧饰海水纹、花卉纹，内底双圈弦纹内绘仙人、植物等纹饰。外壁饰锦地花卉、八仙等纹饰，外底露胎，正中墨书“丁卯正月廿日置”一行七字。

青花龙纹瓷碗

2016KYLWT2：2
2016年出土于开封市御龙湾小区
口径9.7、底径4.2、高4.8厘米

侈口，尖唇，弧腹近直，圈足。口沿外侧饰双圈弦纹，外壁饰行龙、火珠等纹饰，外底单圈弦纹内楷书“大明嘉靖年制”双行六字款。

青花团螭纹瓷碗

2016KYLWT2：4
2016年出土于开封市御龙湾小区
口径9.3、底径3.8、高4.8厘米

侈口，尖唇，弧腹，圈足。口沿外侧饰双圈弦纹，外壁饰团螭纹，外底单圈弦纹内楷书“大明嘉靖年制”双行六字款。

青花四季花果纹瓷碗

2016KYLWT2：23
2016年出土于开封市御龙湾小区
口径12.2、底径5.2、高4厘米

侈口，圆唇，弧腹，宽圈足。口沿内侧饰双圈弦纹，内壁及内底饰四季花果纹。外底露胎。

青花寿字纹瓷碗

2016YLWT2：140
2016年出土于开封市御龙湾小区
口径11.6、底径5.3、高2.9厘米

敞口，圆唇，弧腹，圈足。口沿内侧饰十字菱格纹，釉色晦暗，内底双圈弦纹内楷书“寿”字。口沿外侧饰单圈弦纹，青花纹饰有明显铁锈斑，外底露胎。

青花平步青云图瓷碗

2017SLXT14：138-12
2017年出土于开封市双龙帝苑
口径13、底径7.2、高4.2厘米

侈口，尖唇，弧腹，圈足。内壁上半部施矾红彩，内底双圈弦纹内饰仙官腾云图案。外壁饰灵芝纹。

青花花卉纹瓷碗

2018KSSZT1③下：296

2018年出土于开封市十三中

口径13.6、底径4.7、高5.1厘米

敞口，圆唇，弧腹，圈足内收。内底双圈弦纹内饰花卉纹，外壁缠枝花卉纹间饰杂宝纹。

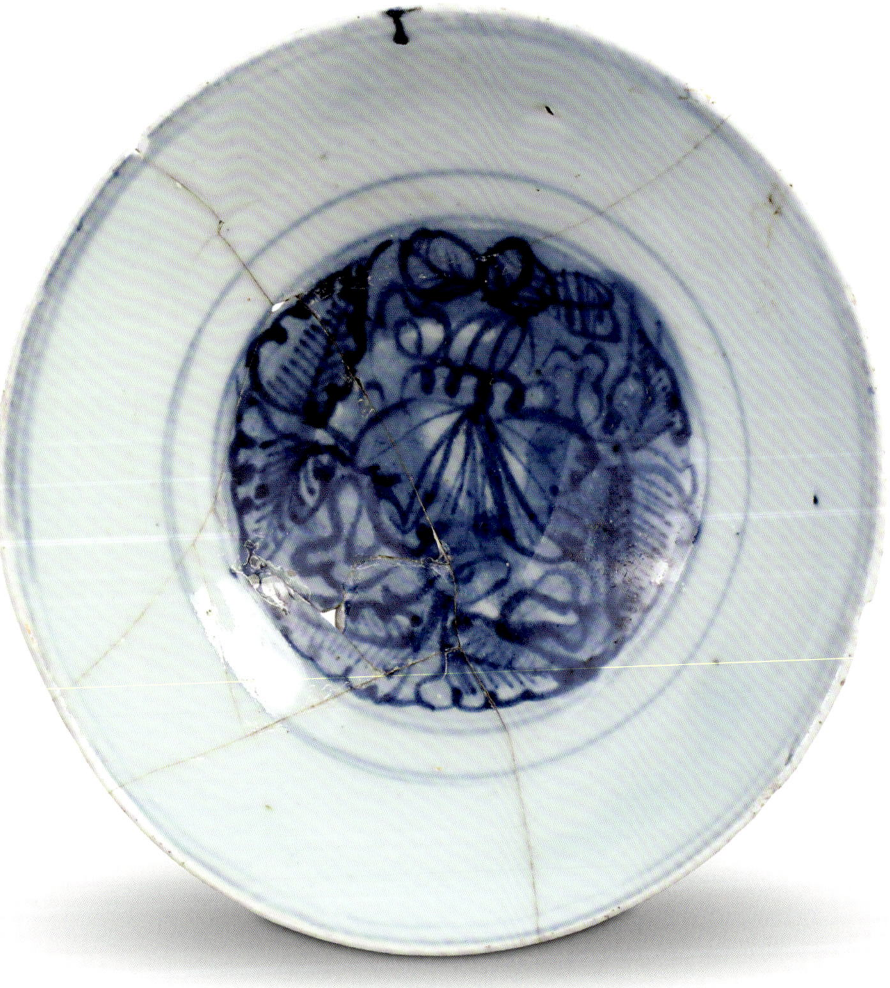

大明成化年造

青花人物诗文瓷碗

2019KDXT18⑥下：2

2019年出土于开封市迪臣·玺园小区

口径17.3、底径7.3、高6.9厘米

侈口，圆唇，弧腹，圈足。内底双圈弦纹内饰山水人物纹，外壁饰渔樵问答纹，并附有诗文“谈机忘岁月，一咲（笑）傲乾坤”，外底双圈弦纹内楷书“大明成化年造”双行六字款。

青花莲托吉祥纹瓷碗

2019KDXT22：9
2019年出土于开封市迪臣·玺园小区
口径11.3、底径4.8、高3.8厘米

侈口，尖唇，弧腹，圈足。内腹壁饰莲托“喜”字纹及“卍”字纹，内底双圈弦纹内楷书“喜”字。外壁饰花鸟纹，外底单圈弦纹内楷书“大明成化年制”双行六字款。

金

题

青花“金榜题名”瓷碗

2021KSLXF33：20
2021年出土于开封市双龙巷
口径9.6、底径4.7、高5.2厘米

侈口，圆唇，弧腹，圈足。内壁双圈弦纹内楷书“贵”字样。外腹壁行楷书“金榜题名”四字。

大明成化年製

青花杂宝纹瓷碗

2015KWJH2：5
2015年出土于开封市万博广场
口径9.7、底径4.7、高5.4厘米

侈口，圆唇，弧腹，圈足。内底双圈弦纹内饰博古纹。外腹壁饰杂宝纹，外底单圈弦纹内楷书“大明成化年制”双行六字款。

大明成化年製

青花花鸟纹瓷碗

2014KWJJZ8：4
2014年出土于开封市万博广场
口径9.2、底径4.3、高5.3厘米

敞口，圆唇，斜腹，圈足内收。口沿外侧饰双圈弦纹，外腹壁饰花卉、芦雁等纹饰。外底单圈弦纹内楷书“大明成化年制”双行六字款。

青花三果纹瓷碗

2014KWJJZ12：5
2014年出土于开封市万博广场
口径8.2、底径3.5、高4.5厘米

侈口，尖唇，弧腹，圈足内收。外腹壁饰石榴、佛手、荔枝等纹饰，外底单圈弦纹内楷书“大明成化年制”双行六字款。

青花芦雁纹瓷碗

2014KWJJZ12：8
2014年出土于开封市万博广场
口径8、底径3.7、高3.8厘米

敞口，圆唇，弧腹，圈足内收，内底上凸。口沿内外侧均饰双圈弦纹。内底双圈弦纹内饰芦雁纹。外腹壁饰芦雁纹，外底双圈弦纹内楷书“大明嘉靖年制”双行六字款。

青花双圈纹瓷碗

2018KJYTHFT528480②：1
2018年出土于开封明代永宁郡王府遗址
口径12、底径4.7、高5.7厘米

直口，圆唇，弧腹，圈足。白胎，胎质致密。口沿内外侧均饰单圈弦纹，内壁底部饰弦纹，弦纹内书“大明成化年制”双行六字款。

2018KJYTHFT529463②下：11
2018年出土于开封明代永宁郡王府遗址
口径10.3、底径4、高3.5厘米

敞口，圆唇，斜腹，圈足。白胎，胎质细密。口沿内侧饰单圈弦纹，外侧饰双圈弦纹。内壁饰有单株梅花、飞虫等纹饰，外壁饰花草纹，外底单圈弦纹内楷书“雅”字款。

雅

青花花卉纹瓷杯

2021KSLXT721520④下：5
2021年出土于开封市双龙巷
口径6.5、底径3.2、高3.8厘米

侈口，尖唇，弧腹，高圈足外撇。口沿外侧饰单圈弦纹，外腹壁饰怪石、花卉等纹饰。外底单圈弦纹内楷书“大明成化年制”双行六字款。

青花博古纹瓷杯

2015KWJH2：17
2015年出土于开封市万博广场
口径7.5、底径2.7、高4.1厘米

撇口，尖唇，斜腹，圈足。口沿外侧饰双圈弦纹，外腹壁饰博古纹。

青花莲瓣纹瓷杯

Ⅰ潘T4：10
1981年出土于开封市潘湖遗址
口径4.8、底径2、高3.9厘米

侈口，尖唇，弧腹，圈足内收。釉色洁白，外腹壁饰莲瓣纹。

青花酱釉瓷杯

Ⅰ潘T28②：1
1981年出土于开封市潘湖遗址
口径6.3、底径3.3、高3.4厘米

侈口，圆唇，斜腹，圈足。口沿内侧饰双圈纹，内底双圈弦纹内饰山水纹。外壁施酱釉，外底单圈弦纹内饰花押款。

青花山水人物纹瓷杯

2014KWJJZ12：14
2014年出土于开封市万博广场
口径6.5、底径2.8、高3.5厘米

侈口，尖唇，弧腹，圈足。口沿外侧饰单圈弦纹，外腹壁饰山水人物纹，外底楷书“大明成化年制”双行六字款。

青花双龙戏珠纹高足杯

2021KSLXT721520⑤下：81
2021年出土于开封市双龙巷
口径7.2、足径3.9、足高2.8、通高7.1厘米

侈口，尖唇，弧腹，喇叭形空心柄足。外腹壁饰双龙戏珠纹，外底楷书“大明成化年制”单行六字款。

2016YLWT2：21

2016年出土于开封市御龙湾小区

口径7.5、底径3.9、通高7.3厘米

侈口，尖唇，斜腹，喇叭形柄足。口沿外侧饰双圈弦纹，外腹壁饰松鼠葡萄纹，外底露胎。

青花花卉纹高足杯

2019KDXT6⑥下：21
2019年出土于开封市迪臣·玺园小区
口径5.3、底径2.9、通高5.1厘米

侈口，尖唇，弧腹，喇叭形柄足。内底双圈弦纹内饰花卉纹。外腹壁饰折枝花卉纹，柄足外饰兰草纹，外底双圈弦纹内楷书“大明年造”双行四字款。

青花人物故事纹高足杯

2021KSLXT721522⑤下：38
2021年出土于开封市双龙巷
口径7.5、底径3.7、通高6.5厘米

侈口，尖唇，弧腹，喇叭形柄足。口沿外侧饰双圈弦纹，外腹壁饰高士、山水等纹饰，外底露胎。

青花人物纹高足杯

Ⅰ潘T16F8：17
1981年出土于开封市潘湖遗址
口径7.3、底径3.2、通高5.8厘米

侈口，尖唇，弧腹，喇叭形柄足。口沿外侧饰双圈弦纹，外腹壁饰人物纹，足柄饰双圈弦纹，外底单圈弦纹内楷书“大明成化年制”双行六字款。

盘

青花太极四卦纹瓷盘

2016YLWT2：347
2016年出土于开封市御龙湾小区
口径18.3、底径11、高3.5厘米

侈口，圆唇，弧腹，圈足。内底饰太极纹，周围饰乾、坤、离、震四卦象。外腹壁饰婴戏纹，外底双圈弦纹内楷书“大明宣德年制”双行六字款。

青花洞石菊纹瓷盘

2016YLWT2：333
2016年出土于开封市御龙湾小区
口径20.6、底径11.6、高4厘米

敞口，圆唇，弧腹，圈足。内腹壁饰缠枝菊纹，内底双圈弦纹内饰洞石、菊花等纹饰。外腹壁饰缠枝菊纹。外壁可见锔孔。

青花寿字纹瓷盘

2016YLWT2：375
2016年出土于开封市御龙湾小区
口径19、底径12、高3.7厘米

敞口，圆唇，弧腹，圈足。口沿内侧饰一周回形纹，内底饰灵芝竹叶、佛宝、寿字等纹饰。外腹壁饰祥云、佛宝纹，外底楷书“大明宣德年制”双行六字款。

青花缠枝莲纹瓷盘

2018KSSZT1③下：263
2018年出土于开封市十三中
口径20.5、底径11.4、高4厘米

侈口外撇，弧腹，圈足。青花釉色艳丽。内壁饰缠枝莲纹。口沿外侧饰海水纹，外腹壁饰暗八仙纹，下腹近底处饰如意云纹，外底双圈弦纹内楷书“长命富贵”四字款。

長命富貴

青花四季花卉纹瓷盘

2021KSLXF30：6
2021年出土于开封市双龙巷
口径14.7、底径8.1、通高3.2厘米

侈口，圆唇，弧腹，圈足内收。内腹壁饰四季花卉纹，内底饰如意云纹。外腹壁饰四组花卉纹。

青花螭龙纹瓷盘

2021KSLXF30：88
2021年出土于开封市双龙巷
口径14.5、底径9.4、高2.8厘米

侈口，圆唇，弧腹，圈足内收。口沿内侧饰一周重十字菱格纹，内底双圈弦纹内饰蟠螭纹。外腹壁饰两组花叶纹。

青花番莲纹蒜头瓶

2021KSLXF31：6
2021年出土于开封市双龙巷
口径1.3、底径3.4、通高11.3厘米

蒜头状瓶口，长束颈，削肩，垂腹，圈足。口沿外侧饰一周覆莲纹，颈部饰蕉叶纹，外腹壁四开光内饰折枝莲纹。外底楷书“大明宣德年制”双行六字款。

壶

青花花卉纹瓷壶

2021KSLXF33：107
2021年出土于开封市双龙巷
口径4.3、腹径7.4、底径4.5、通高11.5厘米

器盖子母口沿，拱形顶，环纽。盖顶饰花卉纹。器身直口，圆唇，短颈，溜肩，弧腹，圈足，弓形柄，曲流。壶外腹壁双开光内饰花卉纹。

罐

青花灵芝纹瓷罐

2016YLWT1：17
2016年出土于开封市御龙湾小区
口径4.8、腹径10.4、底径5.6、通高11.6厘米

直口微残，圆唇，短颈，丰肩，弧腹，下腹斜收，圈足。口部饰祥云纹，肩部饰如意云纹，外腹壁饰缠枝灵芝纹，下腹近底处饰栅格纹。

青花狮子穿花纹瓷罐

2018KSSZT1③下：299
2018年出土于开封市十三中
口径6.5、腹径11.7、底径8.5、通高14.4厘米

直口，圆唇，短颈，丰肩，弧腹近直，圈足。肩部饰一圈如意云纹，外腹壁饰狮子穿花纹。

哥釉

碗

哥釉瓷碗

2018KJYTHFT529463②下：5
2018年出土于开封明代永宁郡王府遗址
口径19.1、底径7.8、高3.5厘米

侈口外撇，方唇，弧腹，圈足，灰白色胎，双层胎壁，胎厚且致密。芒口，内壁施青釉，外壁施白釉，外底内有涩圈。内外釉面均有开片。

釉上彩

碗

五彩蝶恋花瓷碗

2021KSLXF30：13
2021年出土于开封市双龙巷
口径9.2、底径3.9、高4.5厘米

敞口，圆唇，弧腹，圈足。外腹壁饰蝴蝶、花卉等纹饰，外底青花楷书“雅”字款。

五彩瑞兽纹瓷碗

2021KSLXF33：50
2021年出土于开封市双龙巷
口径8.5、底径4、高4.7厘米

敞口，尖唇，斜腹，圈足内收。外腹壁彩绘瑞兽、祥云等纹饰，外底青花单圈弦纹内楷书“大明成化年制”双行六字款。

绿彩诗文瓷碗

2018KJYTHFT529463②下：8
2018年出土于开封明代永宁郡王府遗址
底径5.4、高4厘米

敞口，圆唇，弧腹，圈足。白胎，胎质致密。釉色洁白，内底以绿彩楷书“月白风清”两行四字，外壁绿彩草书诗文“万树江边杏，新开一夜风。满园深浅色，照在绿波中”。

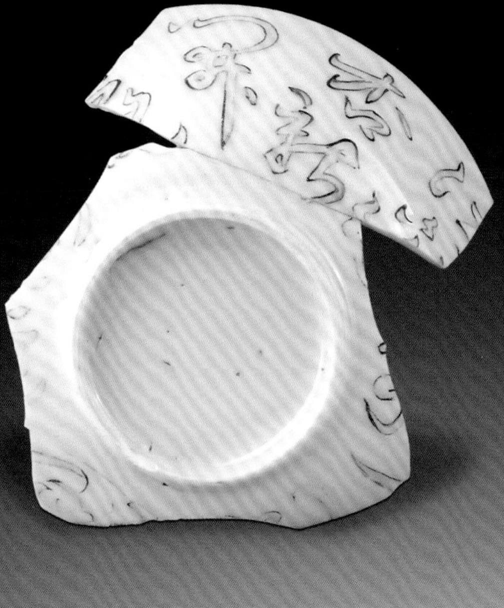

白釉

瓶

白釉荸荠瓶

2018KSSZT1③下：167
2018年出土于开封市十三中
口径2、腹径5.1、底径3.3、高10.6厘米

直口，圆唇，长颈，垂腹，圈足。浅灰胎，乳白色釉，釉面呈橘皮状。

白釉暗刻花观音瓶

2022KSLCF71：11
2022年出土于开封市双龙巷
口径2.4、腹径3.9、底径3.2、通高10.7厘米

喇叭形敞口，圆唇，束颈，溜肩，弧腹，下腹略向内束，平底微向内凹。白胎，白釉。外壁暗刻花卉纹，外底露胎。

壶

白釉瓷壶

2016YLWT2：617
2016年出土于开封市御龙湾小区
口径6、底径7.4、通高11厘米

敛口，圆唇，丰肩，弧腹，圈足，弓形柄，曲流。灰胎，胎质致密。口沿及外壁透明釉下施白色化妆土，釉面密布细小开片，外底露胎。

颜色釉

酱釉梅花纹瓷杯

杯

2016YLWT2：4
2016年出土于开封市御龙湾小区
口径6.3、底径2.5、高4.1厘米

侈口，尖唇，弧腹近直，宽圈足。内施青白釉，外施酱釉，外腹壁饰白釉折枝梅花纹。

瓶

酱釉瓷瓶

2016YLWT2：607
2016年出土于开封市御龙湾小区
口径3.8、腹径5.5、底径3.4、高7厘米

敞口，圆唇，短束颈，溜肩，垂腹，圈足。灰胎，胎质致密。肩部附兽面衔环形双錾，口沿及外壁施酱釉，腹部饰白釉花卉纹。

酱釉枫叶纹瓷壶

2016YLWT2：614
2016年出土于开封市御龙湾小区
口径6、腹径10.5、底径5.8、通高11厘米

直口，圆唇，鼓腹，圈足，弓形柄，曲流。浅灰胎，胎质致密。口沿及外壁饰红釉，外施一层透明釉，外腹壁剔釉成白色枫叶纹，外底露胎，墨书“王”字。

霁蓝釉盖罐

2017SLXT14：138-2
2017年出土于开封市双龙帝苑
盖径3.6、口径2.2、腹径5.7、底径3.4、
通高5.8厘米

罐盖平面呈圆形，平顶，弧缘，直芒口。罐口内敛，圆唇，短颈，溜肩，鼓腹，卧足。器盖表面与器身外壁施霁蓝釉，器身内壁及外底施透明釉，盖口及外底露胎。

白地黑花

碗

白地黑花瓷碗

2018KJYTHFT528463②下：12
2018年出土于开封明代永宁郡王府遗址
口径19.2、底径7.8、通高7.1厘米

敞口，圆唇，折腹，圈足，挖足过肩，红褐色胎，较致密。内饰满釉，外施白釉至腹中，釉下施白色化妆土。内墨线双圈纹，外上腹墨书“天下太平”并间饰十点梅纹，内底与圈足上均有支钉痕。

紫砂

杯

紫砂荷叶杯

2014KWJJZ9：162
2014年出土于开封市万博广场
长10、宽6.3—6.5、高4.8厘米

平面呈荷叶状，侧面捉手及底座均做成荷叶茎秆状。内部叶脉清晰。

壶

紫砂壶

2014KWJJZ9：163
2014年出土于开封市万博广场
口径6.7、腹径10.3、底径6.8、通高15.8厘米

器盖子口，平沿，拱形顶，宝珠纽。盖纽中心开圆孔直通盖内。器身直口，方唇，短颈，溜肩，弧腹，圈足，弓形柄，曲流。紫红胎，胎质致密。

紫砂壶

2018KJYTHFT525469②下：12
2018年出土于开封明代永宁郡王府遗址
腹径10.1、口径6.4、底径6.8厘米

子母口，鼓腹，平底，短流。口、流、柄的高度一致。紫色砂泥，细腻光润。盖顶宝珠纽，有四瓣柿蒂纹。

紫砂器底

2018KJYTHFT528462③：23
2018年出土于开封明代永宁郡王府遗址
直径6.8、厚0.35厘米

平面呈圆形，外底楷书阴刻“甲辰夏日时大彬制”两行八字款。

海螺

杯

鹦鹉螺杯

2014WJJZ9：136
2014年出土于开封市万博广场
长8.9、宽5、高4.7厘米

由完整的鹦鹉螺沿口部水平锯开而成，保留内腔大小不同的气室。外壳均匀分布黄色波状纹，内壳为有光泽的珍珠层。

海螺杯

2016KYLWT2：146

2016年出土于开封市御龙湾小区

长9、宽5.6、高5.6厘米

海螺切割磨光而成，口沿及口沿上部腔体有两处切割区域，切割面呈椭圆形。螺杯表面雕刻花卉纹。

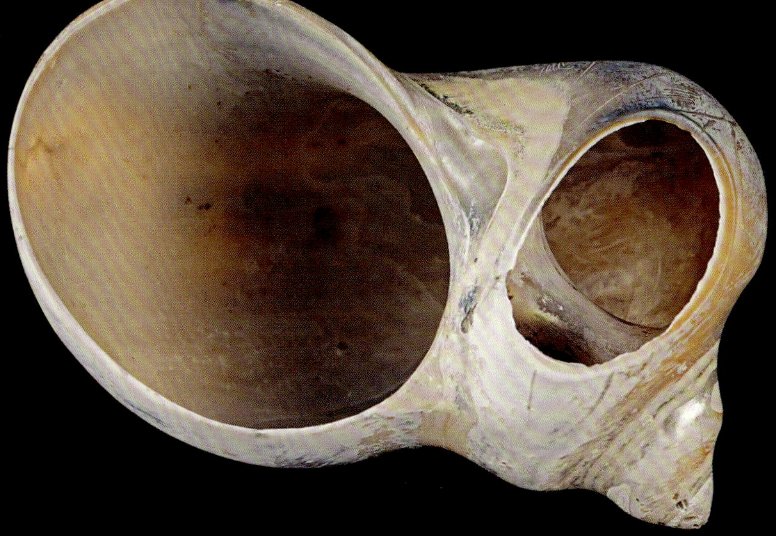

供器

祭祀和宗教活动是古代社会上至皇帝下至百姓各阶层的精神生活的重要内容。明代皇帝以天子自居，从事的各项祭祀活动成为国家重要的礼仪制度。分封于各地的亲王、郡王等皇亲祭祀活动在形式上效仿帝王，十分隆重且丰富，各亲王府依照京城也设置有宗庙、旗纛庙、社稷坛、山川坛等祭祀场所。明代开封城平民祭祀对象主要为神灵、祖先等，祭祀活动丰富多样，主要体现在各种各样的节日和祭祀场所方面，如“年时，有天地神棚、家堂神圣，供养祖先、门神……初八日，赴东岳庙进香游玩，俗以此日为五阎罗诞辰，竟日人烟繁盛……二十五日，天仓小节……中元节，上坟祭祖，追荐先灵……”[1]。宗教活动无贵贱差别，明代开封城内遍布寺庙、宫观等宗教活动场所，儒、释、道三教为教徒信众最多的教派。明代开封城儒教场所有梓潼庙、魁星楼等。佛教寺院数量最多，有祐国寺、相国寺、观音寺、国相寺……道教宫观有延庆观、三清观、大道宫、五龙宫等。

祭祀及宗教活动在历史发展过程中逐渐演变为一种节日风俗，也是中国传统文化的一部分，同时还促进了城市商业的繁荣。每逢重要节令，城隍庙、相国寺、东岳庙、大道宫等宗教场所商业交易最盛。府城隍庙内外每逢朔望日大会，各处进香拥挤盈门。相国寺及其周边早在北宋时期就是重要的商贸中心，到了明代仍有百艺逞能，热闹无比。

本文所述供器是指祭祀或宗教活动中所用器具、神像等物。出土供器是研究我

1　孔宪易校注：《如梦录》节令礼仪纪第十，郑州：中州古籍出版社，1984 年，第 86—93 页。

国古代祭祀和宗教制度的重要实物资料。明代开封城各类遗址均有或多或少的供器出土，根据功能差异可分为王府祭器、造像、塑像、陈设供器等。

朱元璋建立明朝政权之初，就召集翰林院学士定礼制，修礼书，确定祭器种类和规格。据《大明集礼》记载，明代皇帝、亲王祭祀活动主要有祀天、祭地、宗庙、社稷、先农、风云雷雨、山川、城隍、旗纛、三皇等，所用祭器主要有豆、笾、笾巾、登、铏、簠、簋、爵、鼎、尊、罍、彝、舟、匜、洗等[1]。明代开封城遗址出土瓷器中可确定为祭器的遗物仅见有永宁郡王府遗址绿釉瓷爵1件，出土于永宁郡王府前门门房内，伴出大量餐饮器皿、文房用品、铜钱等。结合文献记载、器形特征、出土地点等因素可以判断该件器物为永宁郡王府祭祀场合所用礼器之一。

造像一般是指使用石、金属、木等材质雕塑而成的神明或人物实体形象。明代开封城遗址出土造像大多为铜造像，造像大小、重量不一，部分造像胎表有鎏金或贴金工艺，形象大多为佛教人物，如菩萨、佛陀、罗汉、金刚等。

塑像是以陶、瓷等材质塑造而成的神明、人物或动物实体形象。明代开封城遗址出土塑像陶、瓷材质均有，以低温釉塑像数量最为常见，题材、形象丰富多样。

陶瓷塑像以德化窑白釉瓷塑像最佳，工艺也最为精湛。德化窑位于今福建省德化县，早在宋代就开始烧造瓷器，青白瓷为宋代德化窑主流产品[2]。明代德化窑达到极盛时期，尤其以瓷塑人物最负盛名，明代德化窑瓷塑胎质细腻，釉色洁白，有“猪油白”“象牙白”“鹅毛白”之美誉，明代晚期德化窑还涌现出了大量瓷塑名匠如何朝宗、张寿山、林朝景、陈伟等[3]。明代开封城遗址出土德化窑白瓷塑像共10余件，器形偏小，高度均不超过20厘米，形象有观音、达摩、文昌帝君等。除德化窑白瓷塑像外，各类遗址还出土有数量较多的低温釉塑像，胎体大多瓷化程度较低，呈红色、黄色或灰色，釉色及纹饰多为紫、绿、孔雀蓝、黄等多种色彩相搭配。此类器物妆饰特征类似于山西南部地区烧造的珐华器，但胎体瓷化程度及釉面均不及珐华器精美，其产地很有可能为河南禹州地区。

明代开封城遗址出土陈设类供器主要有香炉、香插、花插等，材质以陶、瓷为主。香炉以灰陶、化妆白瓷居多，器形多样，以双耳三足鼎式炉最为常见。香插多成对出土，灰陶材质数量最多，也有少量低温釉香插，造型以狮、马、象为主。花插出土数量极少，目前仅永宁郡王府遗址出土有2对石湾窑瓷花插，造型分别为象和兔。与花插一同出土的还有低温釉神像、香插等供器，据此推断花插很有可能为神像附近摆放的陈设供器。陈设类供器中低温釉香炉、香插与低温釉塑像工艺特征较为相似，应同为河南禹州地区产品。各种造型的化妆白瓷香炉很有可能为河南禹州、宝丰一带窑口产品。

1　（明）徐一夔等纂修：《大明集礼》卷之一《吉礼第一》，天一阁明嘉靖九年内府刻本。

2　叶喆民：《中国陶瓷史》，北京：生活·读书·新知三联书店，2006年，第316页。

3　叶喆民：《中国陶瓷史》，北京：生活·读书·新知三联书店，2006年，第480—483页。

祭器

绿釉瓷爵

2018KJYTHFT526463②下：46
2018年出土于开封明代永宁郡王府遗址
长12.3、宽5.1、残高5.6厘米

造型模仿古代青铜器。椭圆形口，流短而粗，口沿正中有三角形短柱一对，圆腹，下承三足已残。通体施绿釉，釉面较薄处透出白色胎骨。

造像

寿星石雕像

2016KYLWT2：75
2016年出土于开封市御龙湾小区
底座长12.5、宽6.4、高4.1厘米，
雕像宽10.9、厚3.2、高19厘米

滑石质地，石质柔软。长方形须弥座顶部与雕像底部各有两个卯孔，造像主体部分为透雕工艺。雕像中部横饰祥云纹，祥云纹上部正中寿星盘坐，两侧各立一侍者。雕像下部刻童子、鹤、龟、鹿纹，表面红彩斑驳。

菩萨铜造像

2016KYLWT2：78
2016年出土于开封市御龙湾小区
底长20、底宽10.8、通高32.3厘米

体中空。头戴宝冠，长耳饰，三道颈纹，袒胸，胸佩璎珞，肩披帔帛，下身锦裙贴体，左手持妙莲结施依印，右手结禅定印，跏趺坐于莲座之上。

菩萨铜造像

2016KYLWT2：102
2016年出土于开封市御龙湾小区
底长10、底宽6.8、通高17.3厘米

体中空。头戴宝冠，胸佩璎珞，双手结禅定印，跏趺坐于莲座之上。左肩立鹦鹉一只。

释迦牟尼佛铜造像

2016KYLWT2：103
2016年出土于开封市御龙湾小区
底长12.8、底宽8.5、通高18厘米

体中空。佛首螺髻，着袒右肩袈裟，左手结禅定印，右手结触地印，跏趺坐于莲座之上。

释迦牟尼佛铜造像

2018KJYTHFT525463②下：67
2018年出土于开封明代永宁郡王府遗址
通高33厘米

螺发，高肉髻，顶有宝珠，面庞圆润，修眉细目，双眼略向下视，直鼻，唇微张，双耳下垂，耳垂中空。三道颈纹，身穿袒右胸袈裟，结跏趺坐，右手施触地印，左手结禅定印。底座为双层仰覆莲座，仰莲花瓣略短，覆莲花瓣稍细长，仰覆莲瓣之间夹成锐角，莲座底部略大于上部。莲座上下层各镶嵌一周整齐的连珠纹。

阿弥陀佛铜造像

2018KJYTHFT525463②下：66
2018年出土于开封明代永宁郡王府遗址
通高33厘米

螺发，高肉髻，顶有宝珠，面庞圆润，修眉细目，双眼略向下视，直鼻，唇微张，双耳下垂，耳垂中空。三道颈纹，身穿袒右胸袈裟，结跏趺坐，双手结禅定印。底座为双层仰覆莲座，仰莲花瓣略短，覆莲花瓣稍细长，仰覆莲瓣之间夹成锐角，莲座底部略大于上部。莲座上下层各镶嵌一周整齐的连珠纹。

药师佛铜造像

2018KJYTHFT525463②下：68
2018年出土于开封明代永宁郡王府遗址
通高33厘米

螺发，高肉髻，顶有宝珠，面庞圆润，修眉细目，双眼略向下视，直鼻，唇微张，双耳下垂，耳垂中空。三道颈纹，身穿袒右胸袈裟，结跏趺坐，左手持药壶，右手执无价珠。底座为双层仰覆莲座，仰莲花瓣略短，覆莲花瓣稍细长，仰覆莲瓣之间夹成锐角，莲座底部略大于上部。莲座上下层各镶嵌一周整齐的连珠纹。

塑像

德化窑达摩瓷塑像

2016KYLWT1：18
2016年出土于开封市御龙湾小区
底长6、底宽4.8、通高17.5厘米

体中空。白胎，胎质细腻。白釉，釉面光润。达摩头顶荷叶帽，身披袈裟，袖手于胸前，赤足踏于海浪之上。

2018KJYTHFT525463②下：30
2018年出土于开封明代永宁郡王府遗址
宽7.81、通高11厘米

文昌帝君交脚倚坐于正中洞石顶部，身着官服、头戴幞头，腰系革带，腆腹而坐，左手垂下，右手抚案。左侧侍者垂衣拱手，头戴梁冠。两侧童子执如意与书卷立于两侧。正下坐卧其坐骑白特。人物与动物置于怪石之上。白胎，胎质致密，乳白釉，釉面光润。文昌帝君衣表贴金箔，侍者、童子衣表描红彩，金箔、红彩剥落严重。

体中空。为白衣观音形象。观音头束高髻，头戴风帽，身披长巾，自在坐，跣足。白胎，胎质细腻，白釉微泛黄。

德化窑观音瓷塑像

2018KJYTHFT525463②下：64
2018年出土于开封明代永宁郡王府遗址
宽8.15、通高11.8厘米

为白衣观音形象，坐姿为自在坐，右膝曲起，左足半趺，右臂直伸，置于膝上，左手撑于膝后。观音低首垂目，面形长圆，饱满丰润，身躯微倾向左前方，神情慈祥，其发髻高束，头戴风帽，身披长巾，通身施白釉微泛青。体中空。白胎，胎质致密，衣表贴金箔，剥落严重。

德化窑观音瓷塑像

2018KJYTHFT525463②下：65
2018年出土于开封明代永宁郡王府遗址
宽8.15、通高11.8厘米

为送子观音形象，观音低首垂目，面形长圆，饱满丰润，神情慈祥、其发髻高束，头戴风帽，身披长巾。赤双足呈半跏趺坐姿坐于高座上。神情娴淑，姿态端庄。其怀中抱一小儿，小儿呈立姿。体中空，白胎，胎质致密，乳白釉，釉面有开片。观音发髻贴黑彩，衣表贴金箔，婴孩衣表描红彩，金箔、黑彩、红彩剥落较严重釉面有贴金残留。

香炉

三足陶炉

2016YLWT1：167
2016年出土于开封市御龙湾小区
口径8.3、腹径10.3、通高10.5厘米

泥质灰陶，陶质致密。直口，方唇，束颈，肩两侧附祥云耳。鼓腹，圜底，柱状足。肩部饰连珠纹，外腹壁双开光内模印花卉纹。

莲瓣纹陶炉

2022KSLCF61：7
2022年出土于开封市双龙巷
口径11.7、底径8.9、高7.7厘米

泥质灰陶，陶质疏松，气孔较多。敞口，方唇，浅腹，圈足。外壁浮雕莲瓣纹。

2018KSSZT1③下：26
2018年出土于开封市十三中
口径9.4、底径5.2、高8.8厘米

直口，方唇，直腹，凹底，三足。黄白胎，口沿及外壁施低温蓝釉，外底施低温紫釉。外腹壁饰竹节纹。

青白釉筒式瓷炉

2021KSLXF33：78
2021年出土于开封市双龙巷
口径4.6、底径4.3、通高3.7厘米

直口，方唇，直腹，平底下接三乳突状足。白胎，胎质致密，通体施青白釉。外腹壁饰竹节纹。

白釉簋式瓷炉

2018KJYTHFT529463②下：10
2018年出土于开封明代永宁郡王府遗址
口径7.5、底径5.8、通高4.5厘米

侈口，圆唇，垂腹，圈足。素白胎，胎质致密。外腹壁绘白釉梅花纹饰，两侧附螺髻狮头。

哥釉三足瓷炉

2017SLXT14：138-14
2017年出土于开封市双龙帝苑
口径4.1、腹径7.4、通高5.4厘米

敛口，圆唇，溜肩，鼓腹，圜底，三乳突状足，口沿留有U形豁口。灰胎，胎质致密，通体施青灰色釉，釉面密布黑色开片。

哥釉三足瓷炉

2017SLXT14：138-1
2017年出土于开封市双龙帝苑
口径7.6、腹径8、通高5.8厘米

侈口，卷沿，圆唇，双立耳，短束颈，扁鼓腹，圜底，下接三枚锥状足。白胎，胎质致密，釉色泛灰，釉面密布黑色开片。

2021KSLXF33：42
2021年出土于开封市双龙巷
口径10.9、腹径11.3、通高10.5厘米

直口，折沿，短束颈，肩部双立耳，扁鼓腹，圜底内凹，三柱状高足。灰胎，透明釉下施白色化妆土。炉内残存香灰土。

白釉鼎式瓷炉

2014KWJJZ9：229
2014年出土于开封市万博广场
口径7.5、通高10.8厘米

直口，方唇，深弧腹，圜底，三柱状高足，双立耳，一侧残缺。白胎，胎质致密，表面施透明釉。外腹壁双圈凸弦纹内饰四组夔龙纹，雷纹为地。

方鼎式铜炉

2018KSSZT1③下：84
2018年出土于开封市十三中
长14.6、宽11、通高26.5厘米

盝顶式盖，四角出戟，镂雕散烟孔，顶尖立一凤鸟。器身直口，宽折沿，双立耳，方形直腹，四角出戟，平底，下接四兽形扁足。器盖饰螭龙纹、云雷纹等，腹部以云雷纹为地，上饰兽面纹。内底阴刻“周文王永宝□”六字双行铭文。

香插

低温釉狮形香插

2016KYLWT2：69
2016年出土于开封市御龙湾小区
底边长9.5、通高26厘米

泥质灰陶，胎质致密。器内中空。表面施黄、绿、紫釉。狮子蹲踞于方形须弥座上，背驮宝瓶。

低温釉狮形香插

2022KSLCT722524⑥：9
2022年出土于开封市双龙巷
长6.8、宽6.4、通高19厘米

狮形，瓷胎，胎表施白色化妆土，器内中空。表面施黄、蓝、紫釉。狮子蹲踞于方形须弥座上，目视前方，背驮宝瓶。

狮形陶香插

2016KYLWT2：438
2016年出土于开封市御龙湾小区
底径8.6、通高16.2厘米

泥质灰陶，胎质致密。狮形，器内中空。狮子蹲踞于六棱须弥座上，狮背驮一莲花形宝瓶，宝瓶顶部开有一圆形插孔。

“一鹿瓶安”陶香插

2016YLWT2：453

2016年出土于开封市御龙湾小区

长14、宽5.9、通高16.8厘米

泥质灰陶，陶质致密。器内中空。鹿角缺失，鹿背驮宝瓶，瓶腹两侧分别刻“福”“禄”字样，须弥底座。

花瓶

低温彩釉瓷瓶

2022KSLCT723523⑥：3
2022年出土于开封市双龙巷
口径4.2、腹径12、底径7.2、通高22.2厘米

侈口，圆唇，短束颈，丰肩，弧腹，圈足。灰胎，表面施白、紫、绿、黄釉，釉下施白色化妆土。肩部饰折线纹，腹壁双开光内饰云纹，下腹部饰连云纹。

低温紫釉双耳瓷瓶

2014KWJJZ9：135
2014年出土于开封市万博广场
口径6.8、腹径9.6、底径7.4、通高25.5厘米

侈口，口呈花形，圆唇，长束颈，丰肩，敛腹，胫部外撇，圈足，颈部附卷草状双耳。灰胎，低温紫釉。口沿内侧施蓝釉、紫釉。肩部饰如意云纹，腹部饰花卉纹，外底露胎。

双龙耳出戟铜方瓶

2018KSSZT1：78
2018年出土于开封市十三中
长8.7、宽6.8、通高26厘米

方口，束颈，双龙耳，方鼓腹，四角出戟，花边形方足。腹部饰兽面纹、云雷纹和蕉叶纹。

妆饰用品

妆饰用品伴随着人类审美意识的出现而出现，早在新石器时代的墓葬中就已出现贝类、骨器或玉器制作而成的各种饰品，随着社会文明的不断发展，人们的审美需求不断增加，妆饰品也愈加复杂。历史时期的冠服妆饰不仅仅是美的表现，也是身份的象征。明朝统治者制定了严格的冠服制度，对上至皇帝、嫔妃，下至庶人、军士、僧道等不同身份地位的人冠服穿戴有着严格的要求，不得僭越。以庶人为例，“明初，庶人婚，许假九品服。洪武三年，庶人初戴四带巾，改四方平定巾……正德元年禁商贩、仆役、倡优、下贱不许服用貂裘”[1]。妆饰类文物是了解古人审美及精神面貌的重要实物资料，由于冠服多为纺织品不易保存，考古出土数量极少，而骨、贝、玉石等材质的饰品以及铜镜等妆饰用具则更容易保存，出土数量也比较多。

妆饰用品在历代商品贸易中都属于热销商品，文献记载明代开封城内贩卖有“五彩彩头条、牙子、汗巾、僧帽、头篦、葛巾、首帕、素缣、白线冠髻、布花壳儿、丝带、袜、网巾、皮袄、裤、三镶卓履、折鞋、方舄、万卷书程子刻丝云头、双刺细鞘各样檀鞋……”[2]等各样服装鞋帽。明代开封城遗址出土妆饰品有发簪、串饰、玉佩、带钩等，妆饰用具有铜镜、粉盒等。妆饰品中发簪数量最多，材质有骨、琉璃、铜等，长短不一，簪头造型各异。串饰均为残品，串珠大小不一，多为球形或

1　（清）张廷玉等撰：《明史》卷六十七《舆服三》，北京：中华书局，1974年，第1649—1650页。

2　孔宪易校注：《如梦录》著者原序，郑州：中州古籍出版社，1984年，第28—57页。

柱形，常见材质有琉璃、木、玉石、珍珠、珊瑚、玛瑙等。玉佩、带钩出土数量极少，目前仅见于周王府遗址。1981年宋城考古队（开封市文物考古研究所前身）在配合潘湖清淤而开展的考古发掘过程中出土透雕龙纹白玉佩1件，从雕刻工艺及纹饰特征推断该玉佩应为周藩宗室人员随身之物。2019年下半年，迪臣·玺园周王府遗址配合性考古发掘过程中出土螭龙纹玉带钩1件，侧面呈S形，造型精美。周王府所用妆饰品在《如梦录》中有确切记载："周府时常发出破网巾一二十顶洗补，上定金圈及羊脂玉、碧玉、玛瑙、紫金等圈，其宝无比。"[1]

铜镜的起源可追溯至先秦时期，汉唐时期铜镜妆饰最为精美，清代晚期随着玻璃镜的推广而逐渐淘汰。截至2023年初，明代开封城遗址已出土有数十面铜镜，镜面大多呈圆形，也有极少数方形镜，镜面直径或边长一般不超过20厘米。镜背纹饰主题多样，其中有不少仿汉代昭明、日光、四神、乳钉禽鸟、十二辰博局等镜，其与汉镜的区别在于镜背纹饰之上多留有工匠款识，如"冯太华造""张家造""潢川赵家"等。《如梦录》中记载有多处磨镜、售镜的地点，如大隅首向西至钟楼路北"至李琏胡同，有修补门牙、青铜时镜……"，路南亦有"青铜镜铺、起磨古镜"[2]。府城隍庙中每逢朔望日大会，"西角门外，卖轩辕镜、菱花、穿衣、锦背、各色大镜、青铜时镜、粗细茅茶、玉容宫皂"[3]。文献中关于青铜时镜有多处记载，推测与出土的十二辰博局镜类似。《格古要论》中也有"时镜"的相关记载："其十二时镜能应时自鸣，此古灵异器也"[4]。

胭脂香粉在明代是较为普遍的妆容用品，开封城内见于文献的胭脂香粉种类多样，如"胭脂、宫粉、胭粉"等。粉盒为盛放胭脂香粉的容器，明代开封城遗址出土粉盒目前仅2件，出土于双龙祠项目明代建筑遗址。

---

1 孔宪易校注：《如梦录》街市纪第六，郑州：中州古籍出版社，1984年，第41页。

2 孔宪易校注：《如梦录》街市纪第六，郑州：中州古籍出版社，1984年，第34—35页。

3 孔宪易校注：《如梦录》街市纪第六，郑州：中州古籍出版社，1984年，第53页。

4 （明）曹明撰：《格古要论》卷上，见（清）纪昀等：《景印文渊阁四库全书·子部》，台北：台湾商务印书馆，2008年，第0871册88页。

发簪

骨簪

2017SLXT14：2
2017年出土于开封市双龙帝苑
长13.2、直径0.6厘米

簪铤截面呈圆锥形，簪尾尖锐，簪头呈球形。

串饰

珍珠珊瑚串饰

2018KJYTHFT527470M1：11

2018年出土于开封明代永宁郡王府遗址

共计925枚，有珍珠746枚，其余有玛瑙、红珊瑚、珍珠、贝片等珠饰品，以圆珠形为主，另有柱状、片状珠。累计重量35.4克。

玉饰

玉佩

Ⅰ潘T2：16
1981年出土于开封市潘湖遗址
长4.5、宽3.5、厚0.4厘米

平面近似半圆形，白玉质地，玉质细腻，通体透雕龙纹。

螭龙纹玉带钩

2019KDXT3：412
2019年出土于开封市迪臣·玺园小区
长5.9、宽1.5、厚1.9厘米

玉色泛黄，侧面近似S形，头小身宽。钩首为螭首，钩身上浮雕螭龙纹，背部尾端有圆形脐纽。

铜镜

仿汉代四乳禽鸟纹镜

2016YLWT1②：56
2016年出土于开封市御龙湾小区
直径7.8、厚0.45厘米

圆形，圆纽，圆纽座。镜背饰弦纹、乳钉纹、禽鸟等纹饰，纽座一侧素方框内铸楷体“冯太华造”双行四字铭文。宽素缘。

仿汉代连弧纹昭明镜

2019KDXT3：18
2019年出土于开封市迪臣·玺园小区
直径9.3、缘厚0.6厘米

平面呈圆形，圆纽。纹饰分作内外两圈，内圈饰八连弧纹。外圈内篆书“内清以昭明，光象夫日月”十字铭文，铭文带内外以弦纹和斜线饰边，镜缘宽素。

仿汉代博局纹镜

2019KDXT5：21
2019年出土于开封市迪臣·玺园小区
直径9.7、缘厚0.5厘米

平面呈圆形，圆纽。方框四边中点向外伸出T形纹，方框四角与V形纹对置，四方饰四神纹。纽座一侧素方框内铸楷体“张家造”三字铭文。宽缘，饰折线纹。

仿汉代日光连弧纹铜镜

2021KSLXF33：17
2021年出土于开封市双龙巷
直径7.5、缘厚0.4厘米

圆形，圆纽，圆纽座。纹饰分作内外两圈，内圈饰八连弧纹。外圈内篆书“日之光，长毋相忘”七字铭文，一侧铸“鲁”字铭文。

粉盒

青花仙人乘槎纹瓷盒盖

2022KSLCF23：11
2022年出土于开封市双龙巷
口径8、高2厘米

平面呈圆形，拱形顶，子母口露胎。盖顶饰仙人乘槎图案，边缘暗刻海水纹。

文房用品

文房代指书房，文房用品泛指古代书画用具，包括笔、砚、纸、墨为代表的“文房四宝”以及砚滴、镇纸、笔洗、笔架、笔筒、印章、印泥盒等其他文房用品。古代文人精神生活多情趣高雅，文房用品多工艺精致且寓意美好，因此文房用品在古代又被称作“文房清玩”。文房类遗物体现了古代文人的审美标准和精神追求，是中国传统文化的重要物质载体。明代开封城遗址出土文房用品种类有砚、砚滴、笔架、印章、印泥盒等。

明代开封城遗址出土砚台有石、瓷两种材质，以石砚数量最多，瓷砚仅迪臣·玺园周王府遗址出土有1件。石砚所用石料质地细腻，石质呈红色或青灰色，常见纹饰有鲤鱼化龙等。

砚滴均为瓷质，器形普遍较小，造型有蟾蜍、鱼、卧牛、鹿、兔、桃等，可辨识产地有江西景德镇、广东石湾等，化妆白瓷及青黄釉瓷砚滴应为河南本地窑口产品。

印章是古时鉴定用器，古人认为是一种信物标志。《释名》记载：“印，信也，所以封物为信验也。”[1]学界一般认为在秦汉以前，印章主要作为商品交易、公私

1　（汉）刘熙撰：《释名》卷第六《释书契第十九》，见（清）纪昀等：《景印文渊阁四库全书·子部》，台北：台湾商务印书馆，2008年，第0221册412页。

文书往来的凭信物来使用。秦汉时期，随着民族融合和社会的统一，演变出了代表身份或权力的玺印，如东汉光武帝为表彰倭奴国对东汉王朝的臣服，曾赐倭奴国王“汉委奴国王”金印。两汉时期将印章随葬也是当时社会一种较为普遍的现象。唐代以后，随着书法、绘画艺术的不断成熟，又出现了室名印、别号印、鉴赏印等所谓的闲章，此类印章虽也具有信物功能，但更多是彰显了古代文人的雅趣。明代开封城遗址已出土印章十余枚，大多出土于双龙祠及双龙帝苑两处发掘地点。印章材质有玉、石、木三种，印文内容有闲章和文书印章两种，闲章如“尚德”“物外山人”“山水居士”“楚玉连城”等，文书印章如“中府收讫”“收”“启”“护封”等。

印章配套使用的器具有印泥盒，潘湖、永宁郡王府、双龙祠、双龙帝苑等发掘地点出土有此类器物。明代开封城遗址已出土印泥盒大多为瓷质，也有极少数为玉质和石质，平面大多呈长方形，器形普遍较小。

砚

石砚

2016KYLWT2：72
2016年出土于开封市御龙湾小区
长32.7、宽18、高14厘米

平面呈长方形，月牙形砚池，砚额圆雕双狮戏球，砚侧阴刻卷草纹。

石砚

2021KSLXF33：44
2021年出土于开封市双龙巷
长21、宽10.7、厚1.9厘米

平面呈长方形，青石质地，石质细腻。砚堂呈椭圆形，砚池呈月牙形，砚堂砚池前后刻鲤鱼化龙图案。

石砚

2021KSLXF33：110
2021年出土于开封市双龙巷
长14.8、宽6.4、厚1.3厘米

平面呈长方形，青石质地，石质细腻。方形砚池，砚额刻鱼跃龙门图案。

石砚

2022KSLCF4：54
2022年出土于开封市双龙巷
长13.9、宽10.8、厚2.7厘米

平面近似椭圆形，青石质地，石质细腻。方形砚池，乳突状双矮足。砚额阴刻楷书“天地”二字。

石砚

Ⅰ潘T1：4
1981年出土于开封市潘湖遗址
长9、宽4.8、厚0.8厘米

平面呈长方形，石质细腻。砚额刻鱼跃龙门纹。

石砚

2014KWJJZ9：100
2014年出土于开封市万博广场
长25、宽13.6、厚2.3厘米

平面呈长方形，青石质地，石质细腻，砚池近似长方形。

哥釉瓷砚台

2019KDXT22：348
2019年出土于开封市迪臣·玺园小区
长9.9、宽6.5、厚3.8厘米

平面似箕形，束腰，矮足，椭圆形砚池无釉。白胎，胎质致密，釉色呈青白色，釉面密布细碎开片。

砚滴

蟾蜍瓷砚滴

2017SLXT14：138-10
2017年出土于开封市双龙帝苑
长5.7、高3.9厘米

蟾蜍造型，平底，器内中空。背部开有圆形注孔，左侧嘴角开有出水孔。浅灰胎，胎质致密，胎表呈棕色。蟾蜍眼足、口鼻、背脊、斑点施青花或白釉点缀。

青花蟾蜍瓷砚滴

2017SLXT14：138-11
2017年出土于开封市双龙帝苑
长7.9、高4.5厘米

蟾蜍造型，器内中空。背部开有圆形注孔，嘴两角各开有出水孔。眼珠及背部乳突有青花点彩，额头顶部的贴塑呈酱黄色。

青釉蟾蜍砚滴

2017SLXT6：3
2017年出土于开封市双龙帝苑
长6.2、宽5.1、高3.5厘米

蟾蜍造型，下接圈足，器内中空。背部贴塑花形注水孔，嘴部中间开有圆形出水孔。灰胎，胎质致密。青黄釉，圈足露胎。

2022KSLCF71：9
2022年出土于开封市双龙巷
长8.7、宽4.6、高6.1厘米

卧牛呈昂首状，平底内凹，器内中空，牧童蹲坐于牛背上。牛背开有圆形注孔，嘴中间开有出水孔。白胎，白釉，釉面密布细小开片，局部残存有金、红、黑三色贴彩。

白釉瓷砚滴

2021KSLXF33：46
2021年出土于开封市双龙巷
通宽5.1、底径10.8、通高4.7厘米

形似瓜果，瓜蒂状纽，短直流，丰肩，弧腹，平底。白胎，胎质致密。外壁施青白釉，釉面密布细小开片，外底露胎。

梅花鹿瓷砚滴

2019KDXT23⑥下：5
2019年出土于开封市迪臣·玺园小区
长8.3、宽4.8、高7厘米

梅花鹿呈跪卧回首状，鹿角残缺，平底，器内中空。背部开有圆形注孔，左侧嘴角开有出水孔。浅灰胎，胎质致密，胎表呈棕色。梅花鹿的眼足、口耳鼻、鹿角、尾巴、梅花纹施青花或白釉点缀。

笔架

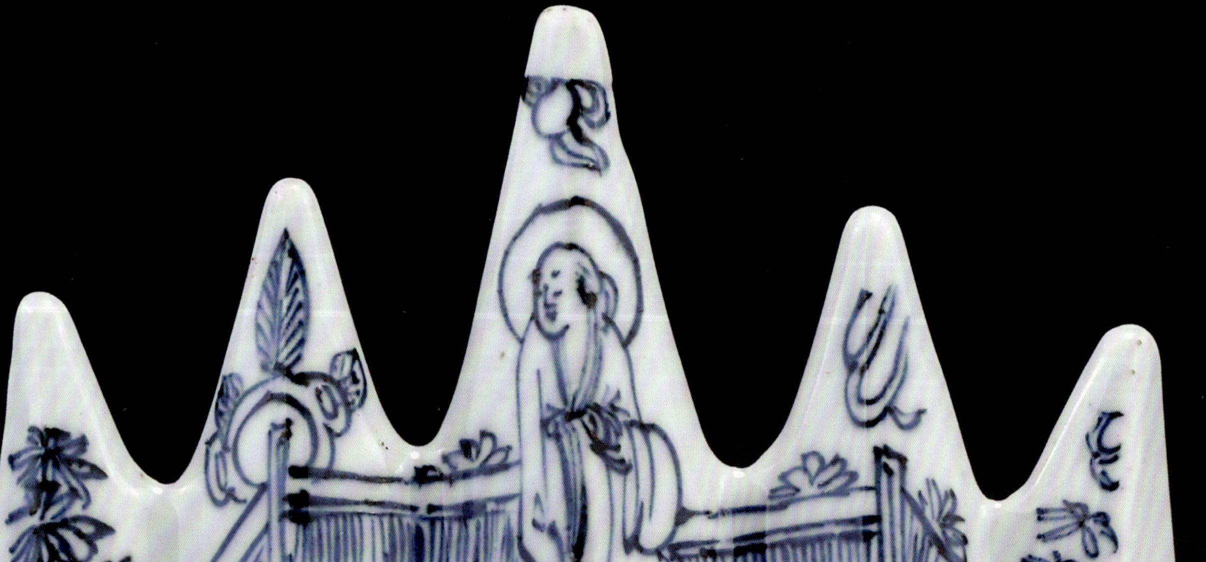

青花瓷笔架

2017SLXT14：138-13
2017年出土于开封双龙帝苑
宽14.4、厚4、高8.6厘米

五峰山状，中峰最高，两侧山峰渐次。前后面分别饰人物栏杆纹和兰草纹。

印章

印章

2022KSLCF71：6
2022年出土于开封市双龙巷
长3.4、宽2.7、高1.9厘米

近似长方体，顶面略小于印面。花岗石质地，石质细腻。印面正中阳刻篆书“莔”字，周围饰石榴纹。

石印章

1组3枚

2017SLXT14：138-5
2017年出土于开封市双龙帝苑
顶面长1.9、宽1.8厘米，
印面长2.2、宽1.9厘米，
高3厘米

章-1　青石材质。方形印面，篆书“物外山人”两行四字印文，顶面与之对应阴刻楷书“物外山人”两行四字。

顶面长1.8、宽1.6厘米，
印面长2、宽1.9厘米，
高2.9厘米

章-2　青石材质。方形印面，篆书“水云居士”两行四字印文，顶面与之对应阴刻楷书“水云居士”两行四字。

长1.9、宽1.9、高2.6厘米

章-3　黄色叶蜡石质。方形印面。篆书“武绳祖印”两行四字印文，顶面与“武绳”对应处阴刻楷体“上”字。

石印章

1组3枚

2021KSLXT721522⑤下：5
2021年出土于开封市双龙巷
长0.9、宽2.2、高3.7厘米

章-1　花岗石材质。长方形印面，阴刻篆书“楚玉”“连城”两行四字印文。

长1、宽1.2、高2.4厘米

章-2　青石材质。长方形印面，阴刻篆书“护封”二字印文。

长1.9、宽1.9、高3.5厘米

章-3　花岗石质。螭虎印纽，方形印面，阴刻金文“收”单字印文。

长1.3、宽1.5、高2.5厘米

章-4　花岗石质。螭虎印纽，方形印面，阴刻篆书“献莒”二字印文。

长2.5、宽3、高1.9厘米

章-5　花岗石质。方形印面，印面左上部分印刻“北古”二字印文，周围饰梅花纹。

印泥盒

玉质印泥盒

Ⅰ潘T2：18
1981年出土于开封市潘湖遗址
长2.9、宽1.1、高1.1、槽深0.8厘米

平面呈长方形，玉质细腻，呈黄色。前后两侧阴刻如意云纹，两端阴刻菱格纹，平底四角有曲尺形足。盒内残留有红色颜料。

哥釉印泥盒

2017SLXT14：138-6
2017年出土于开封市双龙帝苑
器盖边长5、器底边长4.5、通高2.9厘米

平面近似方形，口大底小，子母口。白胎，青白釉，釉面密布浅黄色开片。口沿及外底露胎。器内有红色残留物质。

娱乐玩具

随着里坊制的打破，我国古代城市娱乐场所和娱乐活动逐渐丰富起来。一千多年前的北宋东京城内就已出现“瓦子”等娱乐场所。元明时期，城市娱乐行业进一步发展，市民娱乐活动更加多样化。根据《如梦录》记载，城内各寺庙会场是面向大众的娱乐场所，每逢节令热闹非凡。当时开封城内有文字记载的娱乐活动有说书、听谈古、说因果、投核桃、掷钱、饮酒、讴歌、打谜、猜枚、行令、拆牌道字、顶针续麻、走马射箭、戏棚杂耍、赏春、花赏、舞旋、扮戏、吊对倒喇、胡乐、放烟火、放花灯、放河灯、登高、搭台演戏等，这些娱乐活动全民皆可参与，进一步促进了城市商业的繁荣，同时也推动了市井文化的发展。上述娱乐活动通过考古研究也是有迹可循的，明代开封城各类遗址中或多或少均出土有各种娱乐器具，主要有围棋、象棋、骰子、牌九、牙牌等。

围棋最晚起源于先秦时期，《论语类考》记载“邢昺云：‘围棋谓之弈棋者，所执之子以子围而相杀，故谓之围棋……’。张华《博物志》云：‘尧造围棋以教丹朱’。”[1]纵观各历史阶段考古发现可知最晚自战国时期开始就已出土有六博棋盘及绘制有博戏图案的画像石，唐代以后开始大量出现瓷土烧制的圆形黑白围棋子。到了明清时期，围棋子外观已与现代几无差异。明代开封城遗址有大量围棋子出土，其材质以瓷和琉璃两种材质为主。瓷质围棋子多以瓷土素烧，黑白双色，平面呈圆形，明代以前出土的棋子顶面及底面多为平面，有的表面刻有双鸟纹或花卉纹。到了明代，

1 （明）陈士元撰：《论语类考》卷十九《器具考》，见（清）纪昀等：《景印文渊阁四库全书·子部》，台北：台湾商务印书馆，2008年，第0207册279页。

文化遗存中开始出现大量琉璃质地棋子，顶面及底面凸起的棋子也开始增多。

象棋一词最早见于《楚辞》："菎蔽象棋，有六簙些。分曹并进，遒相迫些。"[1] 根据文献记载判断象棋应该也是由博戏演变而来，象棋规则至唐宋之际趋于成熟。北宋时期开始出现关于象棋的棋谱，如《文献通考》中就收录有《象棋》《棋势》《温公七国象棋》《象棋神机集》等著作。开封北宋东京城顺天门遗址宋代地层中也曾出土有表面刻"車"字的象棋子。到了明代，象棋成为十分盛行的娱乐项目，许多文人都以下象棋为业余爱好。明代早中期重臣李东阳酷爱象棋，他所题的《谢谢方石惠石棋子》就是以象棋为题的诗歌，尤其"仙人巨斧劈石碎，斫出象棋三十二。犹恐世人不识云篆书，刻作西京后来字。朱填墨写部类分，坐开两垒成三军。"[2] 等诗句生动描述了象棋的材质、外观、对弈规则等内容。从李东阳这首诗诗词中可知最晚在明代中期就已形成用三十二枚棋子对垒的规则。

开封明代永宁郡王府遗址出土了1套黑白双色的石象棋，残存29枚。该套象棋的可贵之处在于棋子正面除雕刻棋文外，还雕刻并彩绘了棋子所代表的兵种，如黑白双方"将""帅"棋子表面刻成身披铠甲的将军形象，"兵""卒"等棋子表面分别刻有5种持不同兵器的兵卒形象。目前在国内已发表考古成果中尚未见到有如此造型的象棋出土，可见该套象棋不是当时市场上流行的商品，很有可能为定做或自制的一套象棋。此套象棋所选石料致密，呈色黑白分明，制作工艺精湛，从侧面也反映了持有者对这套象棋的珍爱。

骰子也是古代一种重要的娱乐道具，其出现年代暂不明确，但根据考古发现情况来看，最晚在唐五代时期就已出现，宋代以后开始大量出现。开封城市考古发掘过程中骰子的出土数量仅次于围棋子。明代开封城遗址所出土骰子器型与当代无异，多为瓷土烧制，也有极少数为骨料磨制，点内大多涂有红彩。骰子尺寸大小不一，边长一般不超过2厘米。

除棋类外，牌类也是明代人重要的娱乐项目，明代开封城遗址出土牌类有骨牌、牙牌等2类。骨牌主要为牌九，每副共32枚，由大小相同的骨片磨制，牌面刻有红黑双色点数。牌九玩法多样，可作为多人参与的游戏项目，亦可作为酒令道具。牙牌一般作为酒令道具使用，双龙祠项目明代建筑遗址出土牙牌2枚，平面呈圆角圭形，表面刻有"壹枝梅""黄鲁直双盃"等文字及相应图案。

1　（汉）王逸撰：《楚辞章句》，见（清）纪昀等：《景印文渊阁四库全书·集部》，台北：台湾商务印书馆，2008年，第1062册65页。

2　（明）李东阳撰：《怀丽堂集》卷三《谢谢方石惠石棋子》，见（清）纪昀等：《景印文渊阁四库全书·集部》，台北：台湾商务印书馆，2008年，第1250册25—26页。

围棋 象棋

围棋子

2017SLXT2：10
2017年出土于开封市双龙巷
直径1.8、厚0.35厘米

瓷土素烧，白胎，胎质致密。顶面及底面平坦，阴刻双凤纹。

围棋子

2018KJYTHFT525472②下：06
2018年出土于开封明代永宁郡王府遗址
直径1.8、厚0.6厘米

棋子纽扣形，两面阴刻花草纹，有凹槽一处。

围棋子

2018KJYTHFT529464②下：3
2018年出土于开封明代永宁郡王府遗址
直径2.1、厚0.7厘米

绿色琉璃质地，平底，拱形顶面。

玉石质象棋1套

2018KJYTHFT530462②下：153
2018年出土于开封明代永宁郡王府遗址
直径约4.8、厚1.7—1.9厘米

分黑、白双色，残存29枚，缺失3枚。其中黑棋15枚，白棋14枚（包含残卒1枚，左图未显示）。平面呈圆形，棋文系楷书，黑棋阴刻描金，白棋阴刻填红。浮雕相应的人物及动物纹饰，黑棋阴刻线描红、白两色，白棋阴刻线描红、黑两色，局部有描金。大小略有差异。

黑棋

帅

帅1枚，棋面左侧正中刻棋文“帥”字，纹饰为将帅人物，身着明光铠，正坐，脚下有足踏。一手置于胸前，一手执剑于身后。

士

士2枚，棋面左上方、左下方刻棋文“士”字，纹饰为奔走的武士，身着铠甲，头戴乌纱，手执长柄锤。

相

相1枚，棋面下方居中刻棋文“相”字，纹饰为一头大象身背盔顶。

马

马2枚，棋面正下方、正上方刻棋文“馬”字，纹饰为奔马图案，马背鞍，戴嘴套。

车

车2枚，棋面正上方刻棋文“車”字，纹饰为马驾车图案。

包（炮）

炮2枚，棋面左下方、右下方刻棋文“包”字，纹饰为炮兵人物，身着铠甲，头戴盔，一手执长枪于身后，一手执引线，一侧有火铳炮。

兵

兵5枚，一枚棋面受损，依稀辨认棋文。分别于棋面左下方、左上方、左下方、右下方及左下方刻棋文“兵”字，纹饰为兵卒人物，皆身着铠甲，头戴盔。一人手执长刀、盾牌作攻击状，一人作擂鼓状，一人作奔走吹号状，一人作奔走敲锣状。

白棋

将

将1枚，棋面右下方刻棋文“将”字，纹饰为将帅人物，身着明光铠，正坐，脚下有足踏。一手置于胸前，一手执剑于身后。

士

士1枚，棋面左侧居中刻棋文“士”字，纹饰为人物图案，身着铠甲，头戴乌纱，手执长柄锤。

相

相2枚，棋面右上方刻棋文“相”字，纹饰为人物骑象图，人物身着长袍，头戴乌纱，手执长鞭。

马

马2枚，棋面左下方、右下方刻棋文“馬”字，纹饰为奔马图案，背马鞍，戴嘴套。

车

车2枚，棋面正上方、正下方刻棋文“車”字，纹饰为马驾车图案，车一侧立有车夫一人。

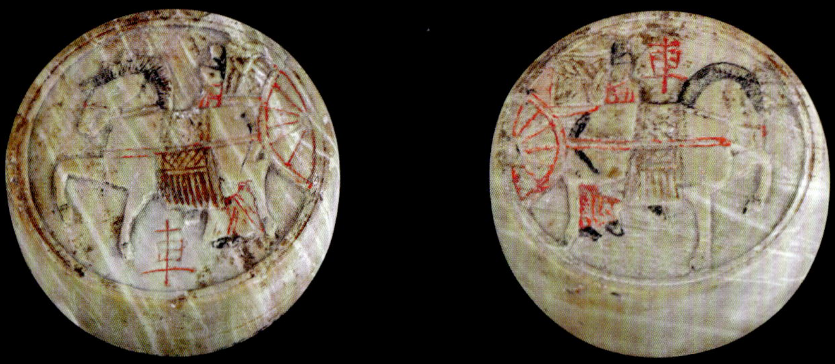

包（炮）

炮2枚，棋面左上方、右上方刻棋文“包”字，纹饰为炮兵人物，身着铠甲，头戴盔，一手执长枪于身后，一手执引线，一侧有火铳炮。

卒

卒4枚，1枚缺损严重。完整的3枚棋子棋面右侧正中、左下方及左上方刻棋文“卒”字，纹饰为兵卒人物，皆身着铠甲，头戴盔。一人作拉弓射箭状，一人作奔走吹号状，一人作擂鼓状。

骰子

骰子

2018KJYTHFT526472②下：2
2018年出土于开封明代永宁郡王府遗址
边长约0.9厘米

正方体，其中三面刻一个小圆窝，其余三面刻六个小圆窝，其中代表“六”面的圆窝内填黑彩。

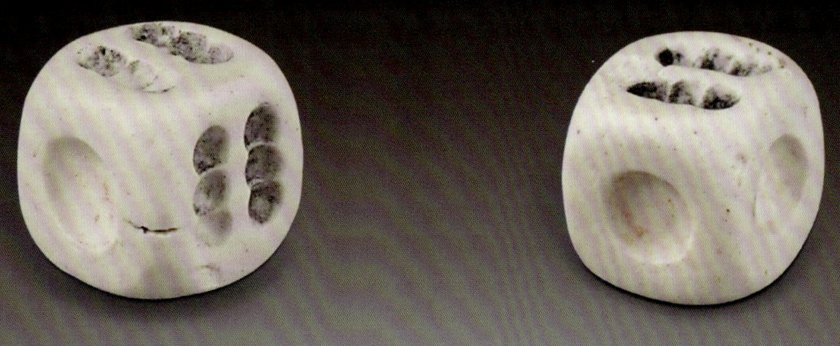

骰子

2018KJYTHFT529464②下：2
2018年出土于开封明代永宁郡王府遗址
边长约0.9厘米

正方体，六面分别刻有一至六个小圆窝，其中代表“四”面的圆窝内填红彩，其余面的圆窝内填黑彩。

牙牌
牌九

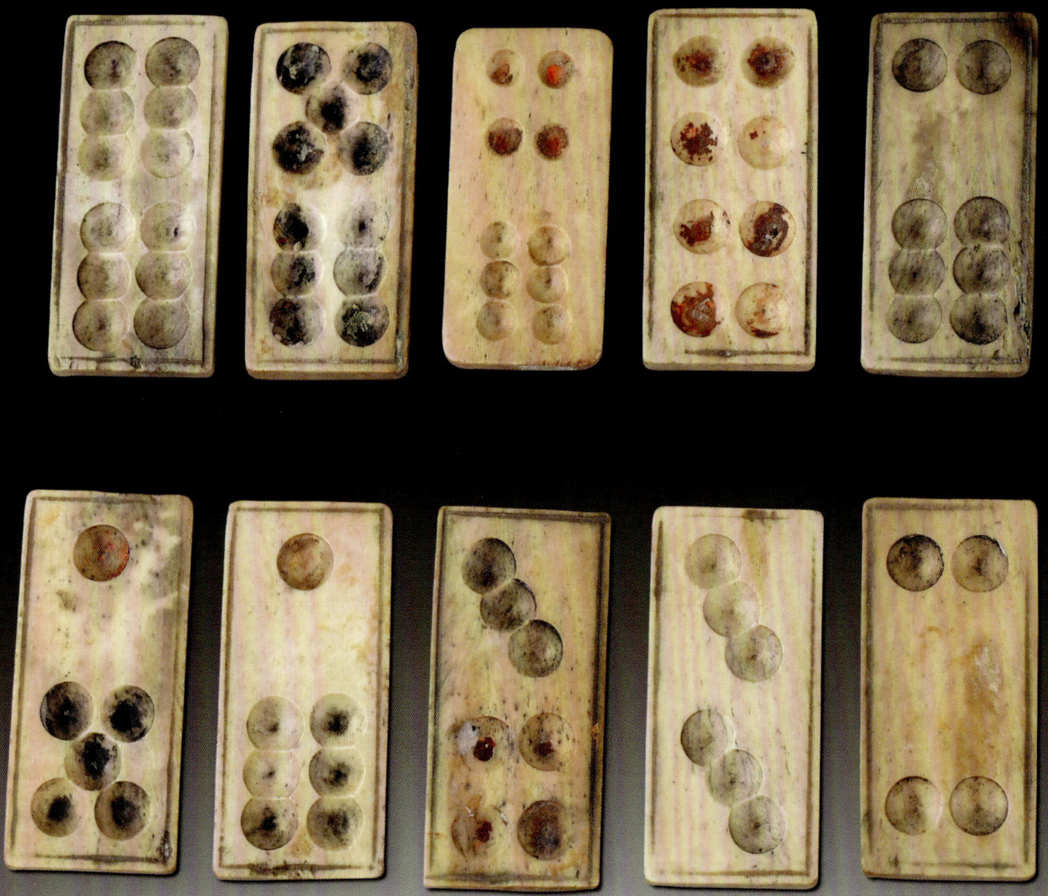

牌九

2022KSLCF23：2
2022年出土于开封市双龙巷
长5.2、宽1.9、厚0.4厘米

骨质，质地坚硬。平面呈长方形，正面刻数量不一、排序各异的圆形凹点，背面刻菱格、环点等纹饰。

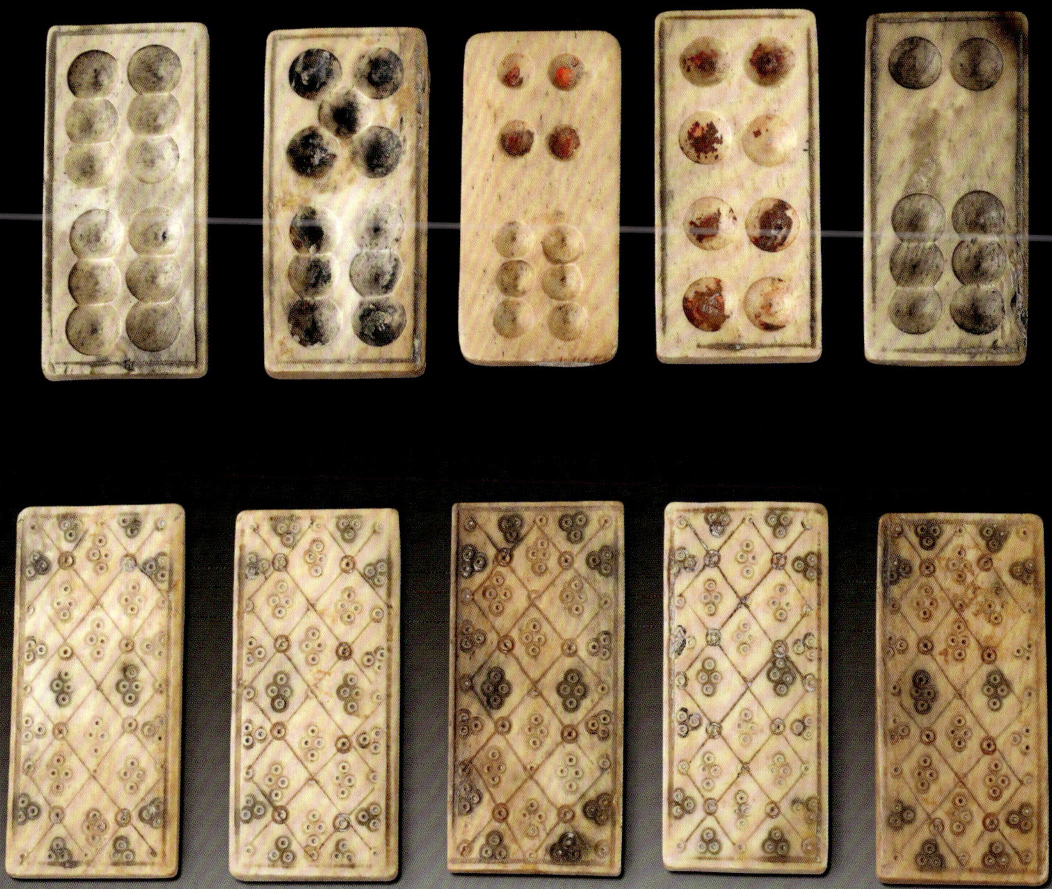

牙牌

2022KSLXC71：5
2022年出土于开封市双龙巷
长6.7、宽3.2、厚0.5厘米

牙质，表面泛黄。圆角圭形。牌额阴刻云纹，双线纹内阴刻楷书“黄鲁直双盃”字样，双线纹下刻黄鲁直坐像。人物头戴高筒帽，身披长袍，端坐于松树之下。

牙牌

2021KSLXT721522⑤下：8
2021年出土于开封市双龙巷
长6.7、宽3.2、厚0.5厘米

牙质，质地坚硬，表面呈棕色。圆角圭形，正面牌额刻祥云纹、双线纹，双线纹内阴刻楷书“壹枝梅”字样，双线纹下阴刻折枝梅花纹。

杂器

除上述五类遗物外，本文将明代开封城遗址出土的其他生活遗物统一归为杂器，包括锁具、铜权、铜剪等。

锁具

铜锁

2022KSLCF23：33
2022年出土于开封市双龙巷
整体长13.6、厚1.2、高3.3厘米

锁面呈“凹”字形，锁梁紧闭，锁孔处横插一把钥匙。

铜权

壹两铜权

Ⅰ潘T16F8：23
1981年出土于开封市潘湖遗址
长2.7、宽0.9—1.9、厚1.2厘米，重36.9克

平面呈亚腰形，通体磨光，顶面刻“壹两”字样。

铜权1套

2019KDXT11⑥下：86

平面呈银锭状，黄铜外皮，内里灌铅。自小而大分别刻有二钱、三钱、五钱、壹两、贰两、叁两、肆两、伍两、拾两等自身重量铭文。其尺寸、重量如下表所示：

权铭	长（厘米）	宽（厘米）	厚（厘米）	重（克）
贰钱	1.6	1.1	0.6	7.54
叁钱	1.7	1.2	0.8	11.21
五钱	2.3	1.5	0.9	18.72
壹两	2.6	1.8	1.0	37.16
贰两	3.1	2.1	1.4	74.52
叁两	3.6	2.5	1.5	111.92
肆两	3.8	2.7	1.7	149.19
伍两	4.2	2.8	1.9	187.58
拾两	5.3	3.6	2.2	372.67

铜剪

铜剪

2016KYLWT1②：188
2016年出土于开封市御龙湾小区
长14.5、宽7厘米

铜质双股支轴剪刀，交接处使用销子固定。刃部弯曲，有圆形托盘，手柄为双环状。

附表

明代开封城商业分布统计表

（地点、店铺引自《如梦录》街市纪第六、关厢纪第七）

序号	地点	对应现在地点	商业分布详情	备注
1	东下马牌向南至西亭府牌坊路东	新街口向南至徐府街西口路东	东下马牌（应在今开封新街口附近）沿大街往南至曲江王府，有染房、磨房、接骨李家、油房。兴龙桥有写真方家画馆，再往南至西亭府牌坊，有带子、手巾、大小鞋帽、松串、鬠棒、百货等铺	周府前东路街市
2	西亭府牌坊向东至大店街角路北	徐府街西口向东至北书店街南口路北	西亭府牌坊折向东至茶叶胡同，路北有五彩彩头条、牙子、汗巾、铸铜鬠扣、酒店、铜匠、整理琵琶弦子。茶叶胡同口再东至徐府，有成衣、烧酒、皮金、杂货、南酒、药材等铺，木耳店、酒馆。徐府东，大山货店街至乔三府胡同口路北，有杂货店、当店、柬帖铺、打金铺。乔三府胡同口附近有炒黄丹、倾销、打金、正升字号店。黑墨胡同口有烧饼、冷酒、杂货，胡同口东至大店街角为华亭王府，王府大门改为大杂货铺	
3	大店街向西复抵大街路南	北书店街南口向西至徐府街西口路南	自大店街回来往西路南，有杂菜、杂货，如松字号店，俱是杂货、扇儿。往西为大祖师庙、大王庙，内有京、杭、青、扬等处运来粗细暑扇、僧帽、头篦、葛巾、白蜡等货。小山货店北口往西至草三亭北口，有杂店、过客店。草三亭胡同口向西至大街，有羊皮金、打飞金、皮金、头条、牙子、铜锡鬠扣等铺	
4	西亭府牌坊向南至大隅首路东	徐府街西口向南至寺后街西口路东	西亭府牌坊往南至长史司署路东，有饭店、刷字、刻字、成衣、造玉牒册、刊竺板。长史司署往南至大隅首，有竹货、漆店，三街六市，奇异菜蔬、密稠不断，饭店、皮鲊、素面店、羊肉车、鸡、鸭、鹅	
5	大隅首向东至草三亭（凤凰巷），小山货店街，小山货店街南口至大店街南口路北	寺后街西口至鼓楼路北大片区域	大隅首折向东至草三亭路北，有打银铺、缎店、估衣铺、羊肉、响糖。再东草三亭（凤凰巷），内有熟皮作坊；巷口往东，有估衣店、南酒店、各样美酒店，再东有估衣、大缎店三座、当店、轴文铺、孝帽、倾销、杂货。至小山货店南口，折向北，有揭裱书画页、手卷；再北俱是字号店、红纸店、京文纸、倾销、合森字号、生熟药材。小山货店北头往南路东，老庄家茶叶店、各品芽茶、药铺、扇儿铺；路西，张时天店、古连纸铺，对醋张家胡同西口，是张应奉酒饭店，各色奇馔，又有倾番丝银铺、南北香料、药材店、羊皮、磁器店；再南有打金店、皮金铺，迤南至小山货店南口通是生熟药铺。小山货店南口复向东至大店街路北，有杂货、磁器、当店、纸马铺（各品名香、五顶神马奉神等物俱全）；再东有当店、南果、海菜店。大店街南口有铁货铺	
6	马道街	马道街	马道街定戥有名，皮匣大箱、冠带帽盒、文具鬠匣、七寸枕箱等货，皆是重铜饰件；刷牙篦子、舌抿、眉掠、灌香精雅；京城、临清、南京、泰安、济宁、兖州各处客来，贩卖不断	
7	鼓楼向西至大隅首路南	寺后街路南	鼓楼往西至面店口路南，有铁货、江米店、西戎货；再西有熏鸡鸭鹅、豆腐鸡子、纸店、书柬、毛边等货；此市有天下客商，堆积杂货等物，每日拥塞不断；各街酒馆，坐客满堂，清唱取乐，二更方散。再西至大隅首，有轴丈、毡货、缎店、广福店、糖店、缎店、南酒店、清唱局、各色海菜、六安芽茶、余芳缎店、南酒店、诸样美酒、干菜、糖果、鲜鱼、鳅鳝、团鱼、鲜虾、螃蟹、细片粉、油子粉	
8	大隅首大街向南至州桥路东	寺后街西口向南至州桥路东	大隅首大街往南至卢家路东，有干菜、糖果等物。卢家往南至总圣庵路东，有药铺、羊油、蜡烛、成衣、染房、茜红毡店、纸店。总圣庵往南迤东为蓝家胡同西口，过口往南至县角，有鲜果、干果、菜蔬俱全，亦是三街六市：酒肆、油房、面店、钱铺、竹货、箍桶、打锡、切面、染房、药铺、烧黄二酒、火烧、烧饼、牛、驴肉车、饮食、粗馔。县角四面皆卖布故衣，有老妇人替人缝补衣裳。县角往南至州桥北，有饭店、大米行，所有郑州、辉县、光州、固始等处来各色大米，俱归入行内，其斗大如杂粮斗	

续表

序号	地点	对应现在地点	商业分布详情	备注
9	州桥向南至南门路东	州桥至大南门内路东	州桥南有税课司，往南是六陈杂粮，堆囤如山，官斗五十四只。再南路东为薰家圈胡同西口，再南是柴市，卖柴薪杂木等物。小石桥南至原武府西牌坊，有干鱼店、糟物、海菜俱全，各色生意，牵连不断。原武府西牌坊往南抵南门，有饭铺、酒店、铁匠、木匠、绳匠、磨坊、纸马等货各铺	周府前东路街市
10	西下马牌向南至西亭府牌坊路西	新街口向南至徐府街西口路西	西下马牌往南西湾桥，桥上有纱帽铺，专做王侯、大小文武官员冠巾，金、玉、犀角、玛瑙、乌角等带，并女冠等类。西湾桥又南至瑞金王府，路西有代书铺、医兽、瓜子坊子。镇平王府胡同东口往南至西亭府牌坊路西，有铜匠铺、绒线铺、梨店、干菜店、丝店、杂皮匣、翻刻经书、竹匠、槅子匠	周府前西路街市
11	西亭府牌坊向南至大隅首路西	徐府街西口向南至寺后街西口路西	西亭府牌坊往南至大隅首路西，有竹货铺、机房、织包头、首帕、素缣、裱绫、画绢、罗底等货，名医罗家（奖匾无算），生猪肉架、各样南北鲜果干菜，三街六市，热闹第一	
12	大隅首向西至钟楼路北	寺后街西口向西至大坑沿街南口路北	大隅首往西至李琏胡同南口路北，有杂货、铁货、铁条、口条、白线冠髻、布花壳儿、首帕、汗巾、雨伞、丝带、余大缎店、剪裁铺、余济缎店、余鸿缎店。李琏胡同南口往西路北，有修补门牙、青铜时镜、程家鞋铺、布店、当店、丝线带子、成衣铺，至察院东，俱是铺户。察院东大旗杆照壁前，卖大米粥、粽子、油粉、铜货摊子；西大旗杆西，成兵快鞋铺。察院往西至都司署，西是棉线市，茜红缨伞铺，有销金曲柄绣伞、方伞（俱曲柄）、（黄、青、蓝）黄捉影雨绢闹龙伞、片金扇、打扇，再西有梳子店，三巷，每巷有三十二家，俱卖四川黄杨、福建荔枝、松根净齿精致梳栊、偶戏飞线；三巷再西至钟楼，有当店，卖袜、网巾、绳包，钱铺；钟楼牌坊下卖胭脂、宫粉、香袋等物	
13	钟楼向东至大隅首路南	大坑沿街南口向东至寺后街西口路南	钟楼复回向东，路南有高烧酒、临清首帕、汗巾、雨伞、葛巾；再东，有皮袄、袜、裤，上京发卖鞍辔铺，针、粉、胭脂、梭布店、酒园（各样美酒、各色美味、佳肴，高朋满座，又有清唱妓女伺候）；再东，有绒线铺、临清首帕店、银花青丝汗巾、帐子、围裙、余深缎店；再东，有首帕铺、周店（亦或府）潞油店、关家倾销铺、陈汉章南鞋店、青铜镜铺、起磨古镜、狄髻布、花柬帖、纸张，直至大隅首	
14	大隅首向南至县角路西	寺后街西口向南至州桥路西	大隅首往南至馆驿街东口路西，有干鲜果、钱桌、酒饭店、箍桶、靴鼓。折向西，馆驿街东口往南至县角卖布故衣处，生意挨门不断	
15	县角向西至延庆观	州桥北向西至延庆观	县角折向西至延庆观，有眼药铺、各色杂货生意；西头有皂靴铺，定做选材通衬文武官样、四缝掐金、男女朝靴	
16	县角向南至南门路西	州桥向南至大南门路西	州桥南路西有染房。小纸坊街东口往南至浦江王府路西，有杂粮大坊子。豆腐胡同东口迤南是柴市，逐户生意至小石桥。封邱府角往南至南门，酒饭各样生意，排门皆是	

续表

序号	地点	对应现在地点	商业分布详情	备注
17	镟匠胡同北口向南至鼓楼	镟匠胡同北口向南经杏花园街、书店街至鼓楼	镟匠胡同往南至大店街北口，镟各样巾帽盔及各色器用，纸扎铺、卖老鸹扇子；东是熊家胡同，有磨坊、酒店、纸马铺（出赁丧举、绫幡、旗伞、魂亭、铭旌架、吹手、小吊、大马、油、烛）、纸张铺、饭店。大店街往南至大山货店东口路东，有倾销铺子、果子铺、姜店（鲜姜、甘蔗、荸荠、栗子、白果、土茯苓）；再南，有酒饭铺（烧酒、秋露白酒）。大山货店口往南路东，是柘城小店（专住妓女、过客）、酒店。再南，又新店（俱住货客，妓女尤多）、饭店、酒店、杂货等铺；再南是油店，住者香油、菜油、棉油、芝麻、菜子、吉阳夏布、毛纸等客，内有妓者三四家；店门南，铁匠专打锁、钉牲口蹄子；再南有扎彩匠，做显道神（王府出殡，皆用此物）；南临板厂胡同，再南是都司官店，内有官机干布、建宁热水中长红黄夏布。大店街北口往南路西，有酒馆、饭铺、临清店（专住妓女）；再南有草料铺、面房、成衣、杂粮、纸烛、糖店、杉板厂、裁缝铺（做大绿独行）；临醋张家胡同东口，有古董粗瓷盆罐、炊帚、笤帚、赶面杖、蒜臼、笊篱、勺瓢之类、磨房、倾销。紧靠鼓楼之下，通是小炉，打摆锡饰件；往东，老鸹宅方脉、佘家弓箭铺	左龙须
18	鹁鸽市、齐阴阳胡同、三井胡同、定秤胡同、定秤胡同南口迤东至五胜角	鼓楼街南北两侧街巷胡同	路南是鹁鸽市，卖鹅、鸭、鸡、猫。定秤胡同，做风匣、方斗诸样小活，北是织负版、做孝帽，东有沙黄丹。定秤胡同南口路南往东，是皮店，再东是西药材店	
19	武庙街向南至钟楼	旗纛街向南至大坑沿街南口	武庙街北口往南，有染房。总铺南，有烧饼、染房、药铺、打铜铺、过客店、酒店、客店、饭店，又客店、淫店，又客店、成衣铺，又淫店、倾销、银铺；路东有磨房、杂货、卖石器、冷酒、杂货、成衣铺、过客行台。钟楼口以北各店，俱是妓者，又有成衣、南货、客店、杂粮、草料，东一小巷通梳子店；南是纸马、倾销、醋铺、切面、草料、绳包、杂物、饭店、酒馆、布袜、烙馍。钟楼口有网巾、钱桌、暑袜、线袜、紫白布、帽匠；楼下洞内，有南京杂货、广东人事、房中技术	右龙须
20	钟楼西至开封府角	大坑沿街南口向西至城隍庙街南口附近	钟楼以西至路北，俱是京货、绦儿匠（制造印绶、儒绦、钩繐、裙绦、结挂），过街牌坊下卖灌香刷牙筤子、垂头舌扺、耳勺、耳撚、帽靴、鬃刷、皮箱、描金卷胎漆盒。钟楼以西路南，卖首帕、黄黑雨伞、香铺、合香、攒香、俺答香、香袋、连笼、桌围等物，帽巾铺三二十家（定做百样巾帽）。布政司署照壁后，卖酱菜百样（酱油、盐、醋），西有酒店、当铺、成衣铺。按察司署西，有京文纸铺；再西有酒铺、官帽铺（制官帽、幞头之类）；至开封府角，有羊肉面店（日宰羊数只，面如银丝，扁食夺魁，各府驰名）	
21	半截街、六府角迤东	半截街附近，城隍庙街南口东侧	半截街，有红铜诸样器皿铺、铁鞋幌、有名鞋铺（三镶卓履、折鞋、方舄、万卷书程子刻丝云头、双刺细鞘各样檀鞋、儒履），以东有食店、过客行台、酒馆、草料、绳包、鞍架、鞭蹬、角皮淫店、纸商葛羯子缨子店、夹剪、摔剪、铃锁、毡毯等货。六府角迤东，有酒肆、面铺、成衣、钱桌、过客店、代书呈词、状格纸张，淫店二座，助老扶幼、走马、乌须、扶乩、戏术、棒疮料理。半截街北头，有酒楼、巾帽铺	
22	钟楼东向南经馆驿街西口再向南	胜利街附近	钟楼东往南，俱是钱桌、冷提、腊烧等酒、胭粉、银铺、大馆（卖猪肉汤、蒜面、肉内寻面，诸食美味，阖郡驰名）；再南，卖头盔、戏衣、梨园枪棒；再南是织染局；再南是书铺，至馆驿街西口。馆驿街西口往南，有成衣局、小书摊，以南皆是香铺（有名合香、一切杂香，有三五家，冒名假充），又有饭馆、笔铺数家	

续表

序号	地点	对应现在地点	商业分布详情	备注
23	钟楼南街巷南口向西至老君堂、西城墙	胜利街南口向西至丁角街、西城墙	延庆东侧街巷南口折向西，有成衣铺、谈命馆、面铺、客寓，亦有妓女、膏药、代书，又客舍。开封府署西新街南口，有过客店、酒店。半截街南头路南，有大倾销处（专做上纳元宝、大小成锭）、客寓	右龙须
24	延庆观南	延庆街附近	自延庆观南，各项生意。大纸坊街西口，有白布店。延庆观南是小仓，仓东小纸坊街西口有坐门妓者，仓西是按院积谷仓，又西是军储仓	
25	东下马牌向东至土街角	新街口向东沿西大街、东大街至解放路东侧	东下马牌往东路北有茶庵；往东路南有琵琶赵家、走京孛家（专办请封、报名、干王册封之事）、画铺、药铺，又菜铺、做红土独行、邱家铺户。镟匠胡同北口东至周府东角楼附近，有饭店、崇雅香铺（去麝加檀、真正素香）、酒馆；再东，有香末店、药家姓彭、谢廷玺新三营将官饭铺、酒肆、干果、麻刷等货。周府东角楼路南，有杂货铺；角楼往东路北，有铺户、酒店、切面、当铺、结帽匠（俱是工正所人，专结牛马尾、各样巾帽）。原武府避水楼东侧，有寿木铺、柬帖铺、柳条叵罗、当坊铺。土街角附近有短工市、成衣铺、烧饼合檐、出赁磁器、家火、酒烙、缎盒、鸡鹅笼、娶亲披红、银花等物；街南有眼药艾家、张宏济药室、鲁阳王府官厂、艾文所药局、漂匠、做伞笼、医兽	城东街市
26	彰德王府向东经王家角至曹门	解放路与东大街交叉口东侧向东至曹门道路南北	彰德王府东至王家角路北，有酒饭铺；王家角至油房角，有饭铺、油房、染作、碾布，生意接连；油房角往东路北，有饭店、鞓鞋、宗学；再东为保生堂，堂东路北有磨坊、酒肆、杂粮坊子、倾销银铺、酒馆、面店。辘轳湾奶奶庙，两厢纸马、杂货、干鲜菜蔬，各色生意。曹门内路北火神庙附近，有绳匠、木作、铁匠、染房二座、酒铺、火烧、烧饼、各色农器	
27	周王府后宰门附近	今华北体育场附近	后宰门东、西贴萧墙居民，多业熬盐，俱无租课，遇周府有丧葬事，供应执幡之役	
28	东华门外向南至五府街、打锡胡同附近	西棚板街东段向南至东大街南侧	东华门外路北段仪宾府东侧，有裁缝铺；应城王府附近，有木器、卖面铺、酒馆、当铺；沈邱王府附近，有孙家篦子、干果、粽子铺户。东华门外路西有一成衣铺	
29	北门大街南升仙桥向南至沈邱王府东牌坊	安远门内向南沿解放路至文庙街东口附近	北门大街南升仙桥附近，有饭店、酒铺、染房、香纸铺、张云黄痘疹科、染房、绳铺、驴市、棺材铺。七府角附近，各样肉菜俱全。拍箔胡同口，有磨坊、酒坊、纸马香铺。柘城王府前，有杂粮坊子，南有外科陈野庵、纸马铺、磨坊、成衣铺。遂平王府附近，有冰窖、烧饼、切面、染房、酒肆	
30	中亭牌坊向南至东岳庙	双龙巷西段向南至理事厅街大片区域	大瓦寺胡同，有丹客祁姓(专以烧炼为生)、丁文泉百样烟火。土街，有成衣铺、响糖铺(所造连十、连五、连三合桌，各样糖果)、磨房、驴肉锅、卖棺材、织竹帘、打铁箍、泥牛匠。东岳庙内，所卖各样货物，遍地皆是（棚搭满院，酒饭耍货，诸般都备）	
31	小山府向西至大店街角	理事厅街西段向西沿河道街至南书店街北口	土街小山府牌坊西，有柬帖、成衣、画匠、磨坊许家。红河沿北头路南，有打飞金炉、烧饼、轿铺，路北有染房。熊家胡同南口，有当店、纸马铺	
32	大店街（疑为河道街东口）向南至五胜角	河道街东口向南沿解放路至吴胜角	大店街往南，有切面、鞝鞋、成衣。炒米胡同口南侧，有外科、裁缝、点笙，至五胜角，有六陈行	
33	五胜角向西至鹁鸽市	鼓楼街	五胜角向西，有南京大轿、花梨木、大磁瓯罐、各样京货。定秤胡同迤西，三井胡同南口，有眼药、弓箭、杂货、粮食、纸马、客寓、老鸹宅	

续表

序号	地点	对应现在地点	商业分布详情	备注
34	五胜角大街向东至火星庙	穆家桥街	五胜角往东，有毡货、作房、各色生意，东至火星庙。	城东街市
35	五胜角向南至五龙宫	吴胜角向南沿解放路至自由路交叉口	五胜角往南，有吹鼓手铺（鼓乐旗爵出赁、披红、银花、盖头等项）。富乐院，钦拨二十七户，随驾伺候奏乐（其中多有出奇美色妓女，善诙谐、谈谑，抚操丝弦，撇画、手谈、鼓板、讴歌、蹴圆、舞旋、酒令、猜枚，无不精通）。富乐院附近路西，俱是做妆奁、床帐、桌椅、木器等物（五彩朱红描金退光、一切陪嫁家火、卷胎拔丝灰布，定做描金方圆缎盒、果桌等盒）	
36	宋门迤南至天庵门北	宋门内南侧	宋门内迤南开天庵门北，俱是做灯、人头、耍货、艾虎、灶神之类	
37	寺桥	新务农工街附近	寺桥附近，糖果驰名第一；高牌纸店、光花雨旱纸伞、铸造生铁器，各省驰名；纸扎匠、设火丧举俱全。南通原武府后，生意联络不断	
38	大相国寺	今相国寺内及周边	相国寺僧居，每日有说书、算卦、相面，百艺逞能，亦有卖吃食等项。僧人（疑为僧舍）专下过往官员，及大商、茶店、清客等众往还，摆酒接妓，歌舞追欢。相国寺大门东，有老妇人与人洗浆衣服，缝縺补绽，热闹无比	
39	相国寺向西路南	相国寺向西至州桥自由路南	相国寺往西路南，有酒饭店、良医膏药、打印、银铺、钱桌、纸铺、代书、成衣、茶馆	
40	西下马牌向西至府城隍庙东夹道	新街口西侧沿西门大街至迎宾路附近	西下马牌往西，路北有茶庵、竹竿厂；路南有纱帽、成衣、画匠铺、汗巾、牙子、木厂，卖白松、黄松、桃木之类五六处。旗纛街北头砖桥西，有帽铺，门砌小山子、鱼瓿之玩；再西至周府西南角，有古董铺	城西街市
41	府城隍庙内外	河南大学淮河医院北院区附近	照壁前，卖牛马尾、网巾、唐巾等货。牌坊下，卖描金彩漆、卷胎、拔丝等盒，帽匠（盔洗旧帽、安鞭爪，兼补破坏）。东角门外，卖桌、椅、床、凳、衣盆等架，大箱、衣箱、头面小箱，壁匮、书橱，一切木器。西角门外，卖轩辕镜，菱花、穿衣、锦背、各色大镜，青铜时镜，粗细芽茶、玉容宫皂。鹿角外，卖锡器、各样走铜山水器皿等货；两边尽是嫁妆之物，大小竹货、莲桶、莲缸、珍宝古玩，杂货摊子。大门下，卖油篹、油糕、煎饼、蒜面、扁食、油粉、酥糖等食物；甬道上，卖绒线、翠花、珍珠、珊瑚、各样银器杯盘，零剪绸缎，诸样头条、汗巾。东角门内，卖时鲜干果之类；西角门内，卖梳栊竹篦、假银生活等物。二门东角门内，摆设名琴、古画、犀、玉、玛瑙、杯器、炉瓶器皿，貂鼠、海獭、虎、豹、鹿、麂、狐、貉等皮；甬道上，卖灌香刷牙筤子、舌抿、眉掠、修补门牙、香袋、香筒、扇囊、盛香等物。二门西角门下，卖旗（皆是财帛制的）、南丝带、各处汗巾。西丹墀，卖戎羯毡毯、葛夏布匹，各样鞋铺；庙台上，油靴、油鞋、泥屐、雨伞铺；台儿上，俱是男女缎靴；月台上，卖各色梭布、小机等布。东丹墀，油缎故衣、首帕等铺。甬路北头，卖笔、墨、砚台、南京草履；周围廊下，俱是小书、时画、圣像、故衣竿子、卖药、算卦、僧道化缘。大门外，南抵按察司墙，尽是卖果木、茉莉、建兰、栀子、砂瓿、砂盆、磁绣墩、花樽、小轿、骨花、抽挪大轿、十景花盆	
42	府城隍庙向南至六府角	城隍庙街	城隍庙街东，有小书、时画、算卦、相面、戏术、篦头、修脚之类；街西，有销金法衣、道衣、打银铺二三十家，卖宝器、珍珠、翠花铺、打红铜各样器皿，直至六府角	

续表

序号	地点	对应现在地点	商业分布详情	备注
43	张仙庙、广生殿门内	成功街东口附近	张仙庙广生殿门内，俱是卖金鱼、银鱼、火眼三尾鱼秧等项，鱼瓻、鱼盆、铁篦、虫兜等物，飞禽、鸣鸟、百灵、阜花、画眉、黄雀、角蓝、鹌鹑、猫犬之类，诸样丝网、鹌鹑哨子、明笼、竹笼、滚笼、串袋等物	城西街市
44	六府角向西至魁星楼	省府西街西段	六府角往西，有染房；再西，有皮局（硝熟各样皮张）	
45	杨家胡同口向西至大城	板桥街向西至西城墙	杨家胡同口西，有修补角钉小铺；再西，有静一打银店（专一打龙凤花草、山水人物、瓮嵌累丝、干帖真金，管化十成）。县学宫前，有接骨庞家（安牙骨、上胯骨、跌打损伤，药到病痊，只此一家）	
46	丁家角向南经大道宫至城根	西司广场向南至南墙大片区域	大道宫两旁俱是篦子铺，做毛竹篦子驰名。城根一带，妇人俱锁云头，做各样名鞋。大道宫前，俱糊金银、打绒线，卖纸马、吃食，大小生意不断。三官庙左近，方园人家，俱做布袜、纺线、结壳儿、捏狄髻，其大街小巷，不计其数，俱是小生意	
47	贡院向西至西门	大兴街南口向西至大梁门	内乡王府门前是厨役市，凡有酒席，来此招顾。安昌王府附近，有各样铺面、小机布店、染房、漂白粉房、做肴火、打银罐。京山王府，府前通是六陈行，卖买日夕不断。关王庙前菜市，肉菜俱全。往南，酒饭店、纸扎匠、阴阳局、当铺。仁义胡同、弓箭胡同，临门大小生意，拥挤不动。官厅南，打造盔甲、什物、枪刀、剑戟诸样兵械	
48	西角楼向北至西华门	大兴街南口向北至法院街	西角楼往北，有汗巾、齐家香铺（各品沈檀、素香，各省驰名）、和尚心灯、香铺。西华门附近，贸易不亚大隅首，买办妆奁进上，皆在此。	
49	西华门迤西至城墙	大兴街北口向西法院街路北	五道街第二道街内，是机房，所织花素生缣、乌绫包头、秋罗、长绢、护领等货。迤西三街，大小生意，亦有皮局。孝严寺前俱是醋作房，各样酱菜发行	
50	丽景门外至阳正门	宋门外向东南至杨正门村附近	丽景门外吊桥下，有过客店、竹竿行、羊毛行、皮店。关南一带俱是砖瓦窑，做砖瓦、兽头、鸱尾、勾檐、滴水、狮子巴砖、琉璃等货，东至阳正门止	城外关厢
51	南薰门外至吹台	南门外东南至禹王台公园	南薰门外吊桥下，迤南酒饭店、杂货、纸张等铺、过客店，排门挨户生意，不亚城内。应城府花园往南，有周王碗店（乃神后瓷器碗盏，周王按节迎节在此治酒、更衣，即为行宫）	
52	仁和门外至山药园	曹门外迤东	仁和门外，有棉花市、鲜果行。	
53	大梁门外建隆厢	大梁门外沿大梁路向西至夷山大街、向南至晋安路、向北至金耀路大片城区	西厢挨门俱是生意，五更时鲜菜成堆，拥挤不动，俱有贩卖者来买，灯下交易；街北香烛纸马、杂货、粮食、酒肉馆铺、大盐店数座。丁字街正南，有杂粮坊子。马市街，早晨牛驴上市，午间骡马上市，有过客买卖骡马大店，顾写脚力；此处是八省通衢之地，故大店有三五十座，内住妓女无数，两边生意挨门逐户。井儿胡同西边尽是居民，内有细乐小优儿居住，东头又有杂粮坊子。三圣堂南，有木炭厂	
54	安远门外	安远门外迤西	自安远门外吊桥下，西厢俱是旅店、碱店	

后记

明代开封城因洪水淤埋而废弃，自1981年首次展露真容至今，已有40余载，在此期间尤其近十年以来我院在配合城市基本建设过程中发掘了10余处明代开封城市遗存，累计出土遗物数万件。通过考古发掘窥知其完整程度和规模世所罕见，可与意大利庞贝古城相媲美。2021年，“开封明代永宁王府遗址考古发掘报告”申请立项国家社会科学基金重点项目成功，明代开封城遗址出土遗物的整理与研究工作也得以借此机会开展，本书也将作为国家社会科学基金重点项目阶段性成果出版面世。

编者一方面在前人研究成果的基础上对明代开封城的历史和40余年来的考古工作进行了梳理，另一方面萃集了明代开封城9处遗址点出土的100余件（套）生活遗物，从考古学角度以图文形式反映了明代开封市民的生活与消费，涵盖餐饮、宗教信仰、服饰、文教、娱乐等多个方面，旨在拉近读者与明代开封城的距离，使读者能够透物观史见人，从而达到“让文物活起来”的目的。

本书的编著和出版是在河南省文物局、河南省文物考古学会、河南省文物考古研究院、开封市文化广电和旅游局、郑州大学历史学院、河南大学历史文化学院等单位的支持和指导下完成的。本书展示的文物是1981年以来所有参与明代开封城遗址发掘和整理的考古人共同努力的成果，在此表示致敬。本书的编著凝聚了每一位编者的心血，文字内容由王三营、万军卫负责整理并撰写，器物描述由徐贝、郜鹏飞、白晓雯负责，照片由魏成龙、陈潇负责拍摄，器物线图由郭如月、葛雄、肖明葳绘制，图表由万军卫、魏成龙、陈潇、张坤共同制作。景德镇陶瓷大学陈天民老师帮助并指导了出土瓷器的鉴定，在此一并表示感谢。

编者

2023年11月